LIÇÕES DE GUERRA

VENCENDO AS BATALHAS DE SUA CARREIRA

DANILO TALANSKAS

LIÇÕES DE GUERRA

VENCENDO AS BATALHAS DE SUA CARREIRA

3ª edição

Editoração Eletrônica: Join Bureau
Revisão: Vivian Miwa Matsushita e Amélia Ward
Capa: Kato Editorial
Imagens da capa: Peshkova/Shutterstock e EchoArt/Shutterstock
Imagens da quarta capa: VIEWVEAR/Shutterstock e EchoArt/Shutterstock

Dados Internacionais de Catalogação na Publicação (CIP)
(Câmara Brasileira do Livro, SP, Brasil)

Talanskas, Danilo
Lições de guerra: vencendo as batalhas da sua carreira / Danilo Talanskas. – 3. ed. – São Paulo: Afigitís, 2021.

Bibliografia
ISBN 978-65-80357-06-2

1. Administração 2. Carreira – Desenvolvimento 3. Executivos – Atitudes I. Título.

21-66759 CDD-658.4

Índices para catálogo sistemático:

1. Executivos: Administração de empresas 658.4
Maria Alice Ferreira – Bibliotecária – CRB-8/7964

À minha querida Marina,
a companheira guerreira de todas as horas...

Agradecimentos

É bastante comum, na maioria das obras literárias, o autor reconhecer e agradecer àqueles que cooperaram para a preparação delas. Portanto, torna-se essencial reconhecer de forma especial as pessoas mais envolvidas que, em conjunto com muitas outras, colaboraram para a formação do autor e contribuíram para a concretização do sonho de criar esta obra.

Sinto-me como um pintor, que hoje admira a tela pintada na forma deste livro – independentemente do sucesso que este alcançar –, consciente de que ela reflete todas as influências que ajudaram o artista a criar o quadro. Por tudo que este livro representa sobre minha vida e carreira, bastaria um exemplar na minha estante para considerar-me realizado. Não utilizei *ghost writters*, não ditei nem gravei, na verdade, despendi muitas horas de meu tempo digitando minhas experiências e ilustrando-as com episódios de guerra.

Para que eu pudesse escrever um livro que transmitisse a você experiências enriquecedoras para a sua carreira, tive de passar por minhas próprias experiências e vencê-las. Por essa razão, esta obra não é teórica e nem acadêmica. Simplesmente conta minha vivência, uma vez que não comecei minha jornada como presidente de uma companhia.

Nesses momentos, valorizo demais a grande confiança e o ânimo constante de minha querida esposa Marina, desde os tempos de nossa juventude. Naquela época meu cartão de visita não tinha título algum e eu nem mesmo possuía algo a oferecer a não ser o meu esforço. No entanto, ela, que já via claramente o título invisível impresso naquele cartão, aceitou meu pedido de casamento e decidiu que seria minha grande companheira, a fim de que essa impressão se tornasse realidade. O apoio e a confiança de minha esposa em mim foram muito importantes, pois alimentavam a minha autoconfiança.

Esse é o meu primeiro e o mais sincero e precioso agradecimento, pois sem o apoio de minha esposa nunca teria o conteúdo para esta obra. Foram muitos anos de sacrifícios e renúncias pessoais tendo como objetivo a formação de uma eterna e feliz família e o meu progresso profissional. Mudamos dezenas de vezes em razão de minhas transferências. E ela voltou para a faculdade somente após a minha estabilidade profissional e a maioridade de nossos filhos.

No auge de sua carreira como cantora e compositora nata, crendo na antiga e conhecida citação "Nenhum sucesso na vida pode compensar o fracasso no lar", optou altruisticamente por abandonar sua profissão em prol da edificação de nosso lar. Durante esses anos foi uma rocha em todos os desafios pelos quais tivemos de passar ao educarmos nossos quatro filhos. A foto de formatura de meu MBA, tirada há décadas com toda a família, reflete o espírito dessa conquista: foi um trabalho de equipe que não teria sido possível sem a coragem e a persistência dessa guerreira.

É impossível expressar em tão poucas palavras a grande influência e incentivo que ela representou em minha carreira. Na minha ausência, nas incontáveis viagens, reuniões, atividades filantrópicas e religiosas e jantares, zelou incansavelmente pela saúde e educação de nossos herdeiros, sem reclamações e com muito amor e dedicação. Portanto, é a primeira pessoa a quem devo tudo o que sou hoje e a quem serei eternamente grato.

Finalmente, foi a grande incentivadora e motivadora para que eu me aventurasse nesta terceira edição do livro, abrindo um novo horizonte em minha mente para compartilhamento de minhas ideias e experiências.

Na fase de pesquisa e coleta de materiais, minha filha Leninha foi de grande valia na paciente compilação de textos e citações, e agradeço a ela pela colaboração, sempre com um sorriso. Sou grato também pelas incansáveis discussões e trocas de ideias que tive com o meu filho Daniel, o qual, como um amigo, ajudou-me a avaliar várias ideias do livro. Seu talento para as artes gráficas e a informática permitiram que ele elaborasse muitas opções de capa para a segunda edição do livro, assim como criasse o primeiro site deste livro (www.licoesdeguerra.com.br). Foi também fundamental o constante apoio dos meus filhos, Neal e Marcinha, para a realização do sonho de seu pai.

Wilford Allen Cardon é um grande amigo que já esteve no Brasil pelo menos em quatro missões voluntárias, servindo uma causa muito justa. Foi o *sponsor* na formação de um fundo na Universidade de Brigham Young para ajudar estudantes que, como eu, não tinham recursos para um curso desse porte. Devo a ele essa experiência internacional que ampliou a minha visão para um novo estágio de minha carreira. Até hoje o fundo, que é rotativo, tem ajudado dezenas de jovens brasileiros a alcançar níveis mais elevados de formação acadêmica.

O Cardon (como eu o chamo) tem tanto apreço pelo povo brasileiro que a sua maior colaboração tem sido "ensinar a pescar" a todos aqueles que têm dificuldades financeiras, ajudando-os a serem autossuficientes. Contudo, ainda são muitas as pessoas que pensam que corrigiremos nosso país "dando o peixe" a quem tem fome.

Posso dizer também que devo este livro ao Cardon, pois sem a sua influência e exemplo não teria conseguido olhar para novos horizontes e buscar um desenvolvimento mais profundo em minha carreira. Recentemente, ele disse-me pesaroso: "Sabe, Danilo, um dos maiores desafios da juventude brasileira é que muitos perderam a capacidade de sonhar". Sem dúvida, é uma grande verdade! Esta é nossa missão quando já estamos mais à frente na jornada: despertar os sonhos de nossos jovens para que isso seja o combustível de todas as realizações. Assim como ele e outros despertaram os meus sonhos em minha juventude, sinto que pago meu débito fazendo o mesmo com os jovens com os quais tenho contato.

Inúmeras pessoas ajudaram-me na fase "mão na massa" do livro. Tentar citar todas acarretaria o risco de excluir alguém. Inclusive as pessoas que, tendo navegado os mares editoriais, deram uma valiosa contribuição a um marinheiro de primeira viagem. Alguns, porém, não poderiam deixar de ser citados.

Hélio da Rocha Camargo (o vovô Camargo da família) tem sido uma pessoa de grande influência em minha vida desde a adolescência. Como ex-militar com formação e conhecimentos profundos em Administração, pôde dar uma contribuição valiosíssima em conceitos-chave que me permitiram olhar para a obra e dizer: "Agora está completa!". Conhecendo profundamente os temas abordados – o autor, sua família e suas crenças –, foi um "cérebro gêmeo" que me ajudou a pensar e a organizar minhas ideias.

Edson Fernandes, que trabalha comigo como assessor de imprensa há vários anos, foi crucial nos "cutucões" que me deu para continuar o esforço de escrever, principalmente quando fiquei estacionado nos primeiros capítulos, e, posteriormente, na ajuda para revisar esta obra. Marcelo Candido de Melo, excelente profissional na área editorial, foi a primeira pessoa que procurei neste mercado. Desde lá, foi um *coach* fabuloso: ajudou-me a fazer a ponte com um novo universo e guiou os passos de um "calouro" tentando publicar o primeiro livro. Seu entusiasmo e brilhantismo editorial foram de grande valia no progresso desta obra. Teve também uma influência marcante na preparação desta terceira edição.

Gostaria de agradecer também a Paul Christoph, como líder da equipe da então Campus/Elsevier, por ter acreditado nesta ideia e pelo entusiasmo de todos em tornar este livro realidade na sua primeira edição.

Durante toda a minha vida recebi a influência de inúmeros líderes, instrutores, professores e amigos. Um deles, porém, marcou profundamente minha família e a mim. Um de meus filhos recebeu o seu nome e uma de minhas filhas tem o nome de sua querida esposa como parte do nome dela. Elder Neal A. Maxwell, apóstolo de A Igreja de Jesus Cristo dos Santos dos Últimos Dias, deu-me profundos insights por meio de suas respeitadíssimas e famosas publicações, de seus discursos e, de maneira muito especial, de sua presença. Posso dizer que despertou em mim a consciência de que a busca de nosso aperfeiçoamento não tem limites. Vai muito além de se buscar o saber apenas para o progresso profissional; e cada um de nós tem a missão de desenvolver nosso potencial não por aquilo que podemos *ter*, mas pelo que podemos *ser*. Elder Maxwell não está entre nós, porque hoje se encontra em um plano muito mais elevado, mas sua memória e sua influência continuam vivas como sempre em nossa família.

Voltando às palavras anteriores, percebo o quanto devo a outros o que sou hoje. Espero que esta obra seja a minha minúscula contribuição para as suas próprias conquistas.

DANILO TALANSKAS
Março de 2021

Sumário

PARTE II
As Competências para Construir seu Time

PARTE III
As Competências para "Manobras" em sua Carreira

Prefácio

Os avanços tecnológicos, a incrível velocidade da internet, as milhares de startups revolucionando o mundo dos negócios, a incrível mudança que as redes sociais têm trazido para o dia a dia dos profissionais são fatores que despertam enormes preocupações sobre como devemos nos preparar para viver no mundo corporativo neste novo ambiente. As mudanças radicais trazidas pelos algoritmos das redes que acessamos e a IA (Inteligência Artificial) mudará radicalmente o mundo que conhecemos hoje.

Desde o início de minha carreira tenho ouvido as mesmas ponderações e recomendações de se estar pronto para as novas realidades. O presente parece sempre ser o "suprassumo" da tecnologia e da modernidade... até passar muito pouco tempo e percebermos que esse horizonte se alarga à nossa frente, sem nenhum final visível. O tempo de maturação das tecnologias e dos avanços é cada vez mais curto, nos obrigando a uma corrida sem fim para estarmos preparados.

A ansiedade em um mundo como este aumenta ao lermos as palavras de Michel Harari antevendo que, em 2050, não apenas a ideia de "um emprego para a vida inteira", mas até mesmo a ideia de "uma profissão para a vida inteira" parecerão antediluvianas. Ou nos questionando se as pessoas serão capazes de lidar com a volatilidade do mercado de trabalho e das carreiras individuais e que provavelmente vamos precisar de técnicas de redução de estresse mais eficazes.[1]

Enfim, achamo-nos perguntando: como devo me preparar? Que competências buscar para enfrentar esse universo de mudanças? Como sei que o que estou desenvolvendo hoje será de valia dentro de cinco a dez anos? Que certeza tenho de que não serei atropelado pelas mudanças?

A boa notícia é que não é tudo tão "apavorante" quanto parece. Há uma base, um alicerce de competências que você pode desenvolver, e que nunca mudarão com o tempo, como não têm mudado há centenas de anos. Fazem parte da natureza humana, dos princípios e de atitudes que têm estado presentes desde o início da Humanidade, porém quando olhamos o presente, temos a impressão de que tudo é adquirido para o hoje e não será útil para o amanhã. Mas estamos enganados se pensarmos assim.

Um grande risco é nos preocuparmos tanto com a evolução do conhecimento e das novidades e da forma como absorvemos tudo isso em nossa carreira, que deixamos de lado a construção desse alicerce sobre o qual todo conhecimento e desenvolvimento podem ser construídos.

As competências permanentes

Vou dar alguns exemplos práticos de competências que serão abordadas neste livro.

Ao se discutir a capacidade de se tomar **Decisões**, esta competência é tão válida hoje como o foi nas guerras mundiais do século passado, na construção de castelos da Idade Média ou no Egito antigo. Mudam hoje as ferramentas que temos disponíveis para tanto, mas o ato final, humano, de discernimento, coragem, risco, velocidade, é o mesmo para a atualidade ou para séculos atrás. Sempre fiquei deslumbrado com as decisões necessárias para o general Eisenhower liderar as forças aliadas no célebre Dia D, em junho de 1944, quando as tropas americanas desembarcaram na Normandia. Uma forte lição da coragem e do discernimento que precisamos ao tomar decisões.

Resiliência é uma capacidade muito discutida nos dias de hoje para sermos bem-sucedidos em nossas carreiras. Sinônimos foram usados em outras épocas para exprimir a mesma coisa, tais como perseverança, resistência,

[1] HARARI, Yuval Noah. *21 lições para o século 21*. São Paulo: Companhia das Letras, 2018.

persistência, entre outros. Admiro muito Winston Churchill e o considero um dos maiores estadistas da modernidade, trago o episódio da liderança do povo inglês durante a Segunda Guerra Mundial como modelo. Seu exemplo de resiliência se aplicava àquela época como se aplica hoje em nossas carreiras.

Napoleão sofreu consequências catastróficas em razão da falta de **Atualização** em um aspecto crucial para suas batalhas: logística. Constantemente achamos que a necessidade de atualização é uma competência moderna, em face aos desenvolvimentos descritos acima, no entanto é e foi uma capacidade permanente na humanidade e graças a ela tivemos tantas invenções que modernizaram o nosso mundo. Da mesma forma, trata-se de uma competência ou de uma armadilha em nossas carreiras.

A capacidade de **Trabalho em Equipe** já era um requisito valorizado no início de minha carreira, décadas atrás. Hoje, quando os laços empregatícios estão muito mais soltos, em que o empreendedorismo domina os sonhos de carreira de grande parte dos formandos nas faculdades e as startups fazem parte do cenário de desenvolvimento global, essa competência é ainda mais importante. Utilizo como exemplo o convívio em um submarino durante a guerra e como essa competência é crucial para a sobrevivência.

Milhares de livros foram escritos a respeito de **Liderança**, em todos os campos. Também faço parte do imenso grupo que pensa que esta não é uma competência "nata", mas sim desenvolvida e na qual podemos chegar à excelência se dermos a devida atenção ao aprendizado e à preocupação genuína com o seu time. Processos bem desenvolvidos na gestão de pessoas trazem grandes resultados ao negócio e a você, como um bom líder. Nas companhias em que trabalhei, todas multinacionais e líderes globais em suas áreas de atuação, havia processos muito sólidos de gestão de pessoas, e os funcionários, assim como eu, tinham no(a) gestor(a) de Recursos Humanos uma pessoa-chave para se atingir os resultados do negócio. Novamente, usei experiências dos campos de batalha para mostrar a importância dessa grande competência.

Em todos os conflitos armados sempre se ouviu muito a expressão de se **Estar na Linha de Frente**. No mundo corporativo há uma tendência de que, quanto mais alto estiver um líder na hierarquia da companhia, mais afastado se torna da "linha de frente" dos negócios, da operação, da força de vendas e do... cliente. Demonstro como essa competência única, e que não está nos currículos dos cursos de Administração e Negócios, afeta os resultados e a carreira de um líder. Utilizo exemplos de generais de alto escalão que ficaram muito próximos do campo de batalha, com resultados inigualáveis.

Existem competências que utilizamos em nosso dia a dia e outras para administrarmos a nossa carreira.

A primeira delas é aprendermos a ter um **Pensamento Estratégico** a respeito de nossa carreira. Conheci gestores que faziam um ótimo trabalho para planejar o negócio e um péssimo esforço no planejamento de sua própria carreira. Assim como tudo, nossa carreira exige um planejamento detalhado e que responda aos "solavancos" provocados pelas mudanças drásticas do mundo de hoje. Assim como as guerras precisam de ações estratégicas, que nem sempre se transformam em vitórias imediatas, a nossa carreira necessita de ações e pensamentos semelhantes.

A crença geral leva muitos a acreditarem que **Entender Culturas Internacionais** é uma competência moderna, advinda da globalização e da comunicação dinâmica entre os mais diversos países, em razão da internet e das redes sociais, mas não é bem assim; na diplomacia, há séculos, ao se entender os motivos e a cultura do outro lado, grandes progressos são atingidos. Muitos negócios deixaram de ter barreiras físicas, legais ou alfandegárias e se tornaram literalmente abertos e internacionais. Os fracassos, porém, advindos da falta de sensibilidade em relação a outras culturas, remontam de muito tempo. Descrevo aqui os choques de aliados de um mesmo lado em uma guerra, em razão simplesmente da diferença entre culturas e os seus modos de verem o mundo. Em minha carreira, presenciei verdadeiros desastres provocados pela falta de conhecimento e sensibilidade neste assunto. Esta é outra "matéria" que não será encontrada nas faculdades ou nos cursos de pós-graduação.

Em seguida, na gestão de nossas carreiras, precisamos entender a influência das **Percepções**. Assim como nos campos de batalha a capacidade de camuflagem e de disfarçar a realidade pode levar a grandes armadilhas, na sua carreira a visão correta a respeito da percepção que as pessoas têm de você é de extrema importância. Geralmente (e aprendi isto a duras penas), a percepção que você transmite no seu ambiente nem sempre é aquela que você *pensa* que transmite. O risco é o de se viver em duas realidades... aquela que você enxerga de você mesmo e aquela que as pessoas ao seu redor realmente veem. Fazer a conciliação dessas duas imagens é crucial para a sua carreira.

A grande competência mestra

Para encerrar, a competência que ultrapassa fronteiras, culturas, tempo e modernidade. A competência que teve o mesmo significado há séculos e o tem hoje em qualquer área profissional. Trata-se daquela que realmente diferencia a pessoa, se ela for genuína e sincera nesse assunto. Por incrível que pareça, trata-se de uma competência que destaca as pessoas que cumprem as suas obrigações da maneira que devem ser feitas. É a competência, sem a qual o líder não tem uma liderança moral, e com ela um(a) simples colaborador(a) ganha autoridade sobre um líder sem ela.

Muito mais do que uma competência a **Ética** é um princípio. Muitos a trazem do berço, por meio da educação familiar, porém mesmo quando isso não acontece, qualquer pessoa pode ganhar a consciência e o aprendizado do que representa o comportamento ético em todas as áreas da vida, com reflexos na carreira profissional.

Vamos ver como, mesmo em uma guerra, é possível agir com ética, abordaremos também as consequências para a humanidade quando isso não ocorre. As consequências de um comportamento não ético são sempre muito nefastas, e, frequentemente, não apenas prejudicam, mas destroem carreiras.

No Brasil, vivemos em um ambiente de negócios muito mais sadio desde os sucessos da Operação Lava Jato que atingiu tantos políticos e executivos brasileiros. Aprendemos as consequências e os prejuízos da falta de ética nos negócios em corporações gigantescas que desabaram como um castelo de cartas. *Compliance* se tornou uma palavra muito mais popular nas companhias, os treinamentos sobre ética se multiplicaram e todos os comportamentos impróprios foram apontados. Para se mudar definitivamente os comportamentos, porém, é necessário algo muito mais profundo: mudança de princípios. Infelizmente isso não se impõe como cultura corporativa, mas se conquista com credibilidade e exemplo em todos os níveis de uma organização.

Você poderá ter dificuldades com qualquer uma das outras competências, mas nunca deixe que a falta de ética permita que você cruze o perigoso e fatal farol vermelho.

A "têmpera" das competências

Durante os primeiros anos de minha adolescência, trabalhei ajudando o meu pai, que era ferramenteiro, um verdadeiro artesão nesse ofício. Com o passar do tempo, essa função foi levada para dentro das fábricas, mas naquela época era muito comum se encontrar pequenas oficinas de ferramenteiros que produziam o estampo, molde ou ferramenta para os processos industriais.

Entre todas as máquinas em que trabalhei e tarefas nas quais ajudei o meu pai, a que mais me fascinava e divertia era a operação da têmpera do aço. Todo estampo possuía uma parte cortante, que devia ser mais forte e dura do que o aço normal e mais resistente a quebras.

A operação consistia em uma pequena forja, alimentada por uma ventoinha manual para levar oxigênio para o fogo e o carvão. Esse carvão era colocado no centro da forja e aceso, da mesma forma que se faz em uma churrasqueira. Alimentado pelo vento da ventoinha, o carvão se tornava brasa muito rapidamente, com alta temperatura e intensidade do fogo. Nesse momento, a peça de aço a ser endurecida era colocada no centro das brasas ardentes, cobrindo-se com mais carvão e... dá-lhe ar para aumentar a intensidade do fogo e do calor!

Lembro-me de que a temperatura era tão alta, que depois de algum tempo era difícil distinguir as brasas da peça de aço, agora igualmente vermelha como as brasas do carvão e quase se desintegrando com a temperatura elevada. Neste momento, em que a peça estava literalmente a ponto de desintegrar-se, era retirada do meio das brasas com um longo alicate e jogada dentro do óleo. O ruído do aço em contato com o óleo era muito forte, parecendo que cada molécula do aço em razão da pressão provocada pela diferença de temperatura. O ar enchia-se de uma fumaça muito forte que tomava todo o ambiente.

Quando o óleo esfriava e era possível retirar a peça de aço, ela ficava com uma rigidez e resistência muito superiores às do aço comum, a peça estava pronta, inclusive, para cortar chapas de aço ou ferro. Essa operação em alta temperatura, quase destrutiva, e o choque de temperatura fortaleciam sobremaneira o aço.

É isso que acontece com a nossa vida nos desafios pelos quais passamos... somos "temperados" e fortalecidos graças aos desafios pelos quais passamos. Da mesma forma, os exemplos das competências sendo utilizadas no teatro de uma guerra são uma "têmpera" de sua eficiência e a prova de que, se usadas com sucesso em um ambiente extremamente perigoso, de alto risco e com perdas de vida, elas são plenamente válidas no ambiente de trabalho, em nossas carreiras.

Teoria e prática *versus* prática e prática...

Os conceitos aqui expostos não se referem ao mercado ou a estratégias de negócios, mas estritamente a essa jornada em que buscamos "um lugar ao sol" em nosso trabalho. Ao chamar esse esforço de "batalha", não o faço com o sentido de que estamos numa guerra constante, eliminando nossos adversários, mas sim para expressar o grande esforço e sacrifício que fazemos continuamente para buscarmos o crescimento profissional em todos os sentidos.

Alguns desses conceitos, você encontrará em outras literaturas, mas a diferença aqui é que os descrevo temperados com a minha experiência, ao mesmo tempo que os identifico em cenários de guerra. Outros dificilmente serão encontrados em livros acadêmicos, pois só podem ser descritos por quem conviveu um longo tempo nas "entranhas" do ambiente corporativo, sabendo de todas as suas nuances e desafios. A maior surpresa vem quando reconhecemos que, num campo de batalha real, usamos as mesmas habilidades.

Por essas razões, não cito nesta publicação nenhum livro de Gestão, Administração ou Recursos Humanos. Os conceitos vêm não de teorias, mas da prática... para a sua prática. De vivência para vivência.

Para mim, foi uma experiência muito especial fazer todas essas associações entre algumas competências cruciais na carreira e a sua utilização em meio a conflitos, ao mesmo tempo que pude ponderar sobre cada etapa de minha própria carreira, na esperança de passar para você algumas armadilhas que podem ser evitadas e ajudá-lo a desenvolver algumas "armas essenciais" para a sua própria batalha.

No decorrer deste livro, você vai encontrar as competências agrupadas em propósitos comuns, mas você não precisa, necessariamente, ler os capítulos em sequência. Você pode "navegar" por aqueles que sejam de seu maior interesse ou de áreas nas quais você julga que precisa desenvolver-se.

Boa leitura, pois, na vida corporativa e no campo de batalha, esse hábito tem um importante papel!

LIÇÕES DE GUERRA
AS SEMELHANÇAS DAS COMPETÊNCIAS

COMPETÊNCIAS MILITARES DECISIVAS	COMPETÊNCIAS DECISIVAS NA CARREIRA
PESSOAIS	**PESSOAIS**
Decidir com firmeza	Saber tomar decisões
Persistência incansável	Resiliência
Inovar-se tecnologicamente (novas armas)	Manter-se atualizado
COM A TROPA	**COM SEU TIME**
Criar um "espírito de corpo"	Criar um espírito de equipe
Ter carisma	Liderança moral
Estar presente no *front*, com os soldados	Estar junto aos Funcionários e Clientes
NO CAMPO DE BATALHA	**NA CARREIRA**
Visão estratégica	Visão de longo prazo
Entender os membros do "teatro de guerra"	Entender as culturas de um mundo globalizado
Reconhecer as camuflagens	Saber lidar com percepções
VALOR PESSOAL	**VALOR PESSOAL**
Ser justo, respeitar o inimigo	Ser ético

INTRODUÇÃO

Como tudo começou...

Não pretendo, com este livro, lançar nenhuma nova teoria no campo da administração ou das relações humanas. O fato de escrever sobre algo não torna ninguém mais inteligente que os outros. Minha intenção é compartilhar experiências, pensamentos e novos ângulos de se enxergarem os problemas, e o faço a pessoas que têm o mesmo problema que eu: tempo escasso, vida agitada, luta de prioridades entre trabalho, família, divertimentos etc.

Embora hoje em dia exista com muito mais intensidade a busca do "negócio próprio", ainda assim há milhares de corporações em todos os países. Literalmente, isso representa milhões de pessoas tentando abrir o caminho para sua carreira em meio ao ambiente corporativo. É uma verdadeira batalha de nossos dias. Àqueles que como eu optam por esse caminho, gostaria de transmitir algumas experiências e trilhas, que podem deixar seu caminho mais fácil de ser percorrido.

Em meio a todos esses desafios, este livro tem a intenção de proporcionar alguns momentos agradáveis de reflexões, experiências e ideias que possam fornecer *Lições de guerra* para ajudar em sua carreira. Logicamente, algumas ideias são únicas, pois sou único, assim como cada um de vocês, e, portanto, vejo o mundo à minha maneira. Minha mente é um liquidificador no qual foram colocadas minha experiência profissional e acadêmica, minha formação como pessoa, minhas crenças religiosas e minha vida pessoal. A esses ingredientes, foram acrescentadas algumas milhares de horas de leitura sobre assuntos de que gosto bastante e... *voilá*! O milagre da mente humana misturou tudo isso, tendo como resultado o que vem a seguir.

O início

Nasci no pós-guerra, geração que, nos Estados Unidos, recebeu o nome de *baby boomers*.

Os nascidos entre 1945 e aproximadamente o fim da década de 1950 são os filhos da geração que vivenciou a Segunda Guerra Mundial, um conflito que definitivamente mudou o planeta que habitamos. Como houve um "estouro" da população, somos rotulados mundialmente como *baby boomers*, embora essa expressão tenha sido cunhada nos Estados Unidos.

Por que isso nos torna diferentes? Por acaso, somos mais especiais que as pessoas de outras gerações? Definitivamente acredito que não. Mas talvez valha a pena falar um pouco sobre a minha infância e juventude, facilitando, assim, o entendimento da razão pela qual escolhi esse tipo de abordagem a uma carreira profissional e por que penso que podemos extrair valiosas lições tanto com o passado quanto com as experiências de guerras.

Quando o filme *A Lista de Schindler* foi lançado alguns anos atrás, alguém perguntou a seu diretor, Steven Spielberg, por que o filme era em preto e branco, se já havia tantos recursos tecnológicos que permitiriam cores bem vivas no filme. Sua resposta foi bastante familiar para mim, quando disse que era esta a sua lembrança dos episódios da Segunda Guerra Mundial. Fotos, filmes de cinema, tudo era em preto e branco. Ele, então, decidiu retratar as lembranças da mesma forma que as havia recebido desde criança.

Estas também são as minhas lembranças. Só que, além das reportagens que falavam da guerra, minha geração teve algo mais: durante cerca de vinte anos após o término da guerra, Hollywood dedicou centenas de filmes a esse assunto.

Comigo, a coisa ainda foi mais longe. Filho único de imigrantes lituanos que muito lutaram para estabelecer-se no Brasil, não tive o luxo nem mesmo de uma televisão (alguém se lembra da expressão "televizinho", ou seja, a televisão assistida na casa do vizinho?). Mas o cinema era muito barato. Principalmente os cinemas de bairro. E, assim, aprendi a "levar" todos aqueles filmes para casa. Cada aventura a que assistia no cinema era por mim revivida e teatralizada em casa, onde eu dava asas à minha imaginação (sempre disse a meus filhos que essa era a grande vantagem de se ter irmãos para brincar).

Dessa forma, meu quarto sempre foi o palco das mais "sangrentas" batalhas. Desembarquei nas praias da Normandia após assistir a *O Mais Longo dos Dias*. Explodi a *Ponte do Rio Kway*. Ajudei a escalar as montanhas de rocha pura para destruir *Os Canhões de Navarone*. Após voltar de cada filme, minha mãe sabia que meu quarto se transformaria em um novo "campo de batalha", com armas de grande "potencial tecnológico", como canos, vassouras, trincheiras de móveis, poltronas que se transformavam em tanques de guerra, cabines de comando de aviões ou ninhos de metralhadoras.

Hoje em dia, movido por aquelas emoções infantis, ainda resgato alguns daqueles filmes antigos, tentando mostrar a meus filhos o que eu sentia quando jovem. Eles fingem que gostam, assistem pacientemente comigo àquelas imagens de um colorido desgastado, diferente (ou até em preto e branco...), demonstrando vibração (eles não querem estragar a minha própria vibração!), até que me dou conta de que estas foram as MINHAS experiências e a MINHA infância. A não ser que alguém tenha passado exatamente pelas minhas experiências, não conseguirá apreciar essas recordações, lembranças que ficarão guardadas para sempre e pelas quais sou tão grato.

Tomando forma...

À medida que crescia, as fantasias passaram a ser substituídas por um interesse real por assuntos relacionados a história, diplomacia e conflitos mundiais. Durante todos esses anos, li os mais diversos livros a respeito de batalhas, estratégias, acontecimentos diplomáticos durante as guerras etc. Para a minha surpresa, no fim do século passado e ainda hoje, muitos escritores novos surgiram, escrevendo sobre guerras passadas e, hoje, é vasto o material em qualquer boa livraria a respeito das duas grandes guerras do século XX.

Na primeira edição deste livro, alguém me disse que eu poderia estar "ultrapassado" trazendo episódios sobre a Segunda Guerra Mundial. O surpreendente é que Hollywood continua a produzir filmes sobre esse conflito, alguns até candidatos ao Oscar.

Nesse meio-tempo, fui completando minha formação acadêmica e adquirindo experiência profissional. Formei-me em Administração de

Empresas na Universidade Mackenzie, em São Paulo. Cursei a faculdade à noite, pois, é obvio, precisava trabalhar durante o dia. Ainda no segundo ano da faculdade, consegui, aos 21 anos, o primeiro emprego sério em uma multinacional: uma posição em vendas na Basf, vendendo discos e fitas para computadores. O sonho de todo estudante de Administração de minha geração era trabalhar em uma multi, mas os empregos "nobres" estavam nas áreas de Finanças, Organização e Métodos, Marketing etc. Um trabalho "na rua" não parecia possuir o "glamour" de uma mesa em um escritório. Hoje, vejo a grande vantagem que tive em minha carreira, ao iniciá-la entendendo o lado mais importante de qualquer negócio: o cliente.

Não pretendo aqui fazer minha autobiografia. Cabe apenas dizer que minha vida seguiu com todos os desafios de um jovem sem recursos, que tentava se firmar na vida, ao mesmo tempo que casava e a família crescia. O Mackenzie trouxe outro grande marco em minha vida: lá, logo no primeiro ano, conheci a Marina, que viria a se tornar minha esposa e a grande alavanca de minha carreira. Casamos quando eu estava cursando o último ano da faculdade.

Os dez anos seguintes passaram à velocidade da luz. São aqueles anos em que você faz milhões de coisas na vida. Ao fim de aproximadamente dez anos após a minha formatura, eu havia passado por quatro companhias, estava com quatro filhos (pura coincidência no número...), havia morado em dez casas diferentes, feito um MBA nos Estados Unidos, mas ainda tentava achar meu lugar no mundo profissional, cada dia mais competitivo. Até então, meus estudos a respeito de guerras e estratégias militares não passavam de um hobby, sem que eu fizesse nenhum paralelo com os meus próprios desafios profissionais. Eu estava ocupado demais tentando apenas sobreviver.

Finalmente, a ideia...

Com o passar do tempo, meus estudos a respeito desses assuntos amadureceram. Quando falamos em guerras, há dois tipos de visão: aquela puramente militar relacionada às batalhas, e outra que aborda o estudo dos ambientes e motivações dos países envolvidos, as consequências no lado humano e da população, as correntes ideológicas e políticas. Esta segunda é que prendeu a minha atenção, pois aprendi o desenho político do mundo como consequência das duas guerras mundiais do século passado, inclusive entendendo o mundo ao meu redor hoje, que foi formado politicamente depois do segundo grande conflito.

Finalmente, minha própria cabeça, pelo maravilhoso processo de pura associação, começou a me mostrar grandes LIÇÕES que vinham de ocasiões nas quais atos e decisões eram tomados nas condições mais extremas de pressão, nos momentos difíceis das guerras e batalhas. Há alguns anos, a luz que minha mente precisava para esse assunto finalmente se acendeu.

Durante um seminário nos Estados Unidos a respeito da importância de se ter visão nos negócios, assisti a um vídeo por meio do qual travei o primeiro contato com um grande nome da Psicologia: Viktor E. Frankl. O vídeo mostrava um campo de concentração durante a Segunda Guerra Mundial, pelo qual Frankl, um médico, passara como prisioneiro judeu.

As experiências e conclusões desse médico naquelas circunstâncias me fizeram pensar bastante. Procurei o livro que relatava todos os detalhes da experiência, mas, principalmente, explicava as conclusões. É difícil aqui resumir toda uma teoria, mas Frankl procurou demonstrar as condições subumanas pelas quais passava um prisioneiro nos campos de concentração. Inúmeras páginas descrevem os detalhes da mais pura degradação humana de que se teve notícia durante o século XX. Ao descrever esse cenário, Frankl prova que tipos de pessoas sobreviveram a essas condições. Não foram as mais fortes fisicamente, ou as mais robustas (enfim, passava-se muita fome), mas, incrivelmente, foram as pessoas que tinham algo muito importante a fazer depois do fim da guerra ou após saírem dos campos de concentração. Em outras palavras, a esperança no futuro ajudava essas pessoas a resistir a todas as adversidades do presente.[1]

Essa teoria, que viria a se chamar Logoterapia, é um dos ramos da Psicologia de hoje. O vídeo, em meu curso, procurava demonstrar que o mesmo acontece nos negócios: quando há uma visão clara da direção que queremos seguir, temos muito mais força para manter o curso, mesmo no momento em que surgem as dificuldades, em razão de fatores internos ou externos de uma companhia.

Foi aí que o milagre da mente humana "aprontou" mais uma comigo. Não tive intenção de fazer qualquer pesquisa ou associação, mas a minha mente fez essa "ponte". Comecei a pensar nos tipos de pressões pelos quais passamos em qualquer negócio e passei a fazer uma analogia com outras

---

1 FRANKL, Viktor E. *Man's Search for a Meaning*. Nova York: Simon&Schuster, 1984.

situações que poderiam representar muito mais pressão. E o que veio? Situações em tempos de guerra ou épocas nas quais um país estava em guerra.

Mas não precisei pesquisar muito o assunto. Meu "HD" (*hard disk* – minhas lembranças) tinha muitos *data bases* que comecei a *descarregar* e, assim, fazer um trabalho de associação com teorias e práticas do dia a dia de nosso trabalho. Fiquei impressionado: pude aprender muito mais sobre como resolver meus próprios problemas do que seguindo somente as ondas e os modismos (não confundam... não quero dizer que não veja valor em novas teorias!) que a cada ano (ou mês) surgem nas centenas de publicações a que estamos expostos: *Harvard Business Review*, *Exame*, *The Wall Street Journal*, *Forbes*, *The Economist*, *Fortune* e milhares de outras, que nunca arranjamos tempo para ler.

Consigo me lembrar de várias fases ou modismos: fiz parte de um *staff* de Planejamento Estratégico, quando as companhias geravam pilhas e mais pilhas de papel de planos cuidadosamente delineados (implementação? Isto é outra conversa). Lembro-me das regras de ouro da "Busca da Excelência" e a forma como se tornaram verdadeiros manuais de várias empresas. Vocês se lembram dos anos da *reengineering*? Quantas reestruturações foram realizadas, causando verdadeiras revoluções em milhares de empresas ao mesmo tempo! Fiquei impressionado com uma reportagem sobre uma companhia no Brasil (acho que foi por volta de 1996), em que toda a gerência segurava um exemplar do livro *A meta*, que havia se tornado a Bíblia inquestionável da companhia.

O mais importante é que sempre tenhamos equilíbrio e ponderação ao absorver as novas ideias e teorias, incorporando-as ao que já conhecemos, dando continuidade, assim, à nossa formação teórica e prática. Não é possível levar "ao pé da letra" todas as novas teorias e "jogar fora" toda a experiência que adquirimos. Defendo, com convicção, que devemos nos aperfeiçoar (afinal, também fiz um MBA!), porém estou certo de que existem milhares de novas "teorias" que foram desenvolvidas a partir da mais pura prática e experiência, que deram origem a excelentes resultados, mas sobre as quais nunca se escreveu um livro!

Novamente, minha mente "voou" para as associações de ideias: como seria a reação de um gerente ou consultor que, ao eliminar pessoas de uma empresa, estivesse literalmente eliminando vidas, como em uma batalha? Como seriam essas decisões ao fazer investimentos, exercer liderança, eliminar negócios, se os resultados viessem como edifícios destruídos e vidas ceifadas? Como seria pôr em prática uma nova teoria de *management* se o seu fracasso resultasse na perda da liderança para um exército invasor, e sua cidade e seu país fossem totalmente subjugados?

A grande contribuição que Viktor Frankl me trouxe foi a de reconhecer que se o campo de concentração é a prova final da resistência humana, colocando em xeque a nossa real capacidade de se ter esperança, as decisões em tempos de guerra ou sob pressões de batalha colocam em xeque as reais capacidades referentes a tomadas de decisões, exercício de liderança, delegação, recrutamento de colaboradores etc. Descobri também que os tipos de decisões e ações tomados nessas circunstâncias há vinte, quarenta, sessenta ou cem anos baseiam-se em princípios que podem ser utilizados hoje, em nosso ambiente, apesar de todos os avanços tecnológicos no mundo dos negócios e em nossas carreiras pessoais. Sobrepujam grande parte dos modismos pelos quais passamos e são válidos na condução de nossos negócios e nossas carreiras hoje.

Novamente, como mencionei anteriormente, importantes competências foram utilizadas e "temperadas" naquele ambiente de conflito, tornando-se prontas para serem utilizadas em nossas carreiras.

Repito: não estou querendo dizer que não existam coisas novas muito úteis surgindo a cada dia. Aliás, até dedico um capítulo deste livro ao assunto, dada a sua importância. Porém, poucas teorias podem ser aplicadas na íntegra, como se fossem uma receita única de bolo, usadas por todos da mesma forma, proporcionando o mesmo resultado de grande sucesso. Igualmente, é impossível ignorar todas as lições que a história nos dá.

Afinal de contas, a natureza humana tem mudado muito pouco. Levar para o futuro essas experiências apenas nos ajudará. Deixar de fazê-lo é como dirigir um carro sem retrovisor, ignorando grandes experiências. É de extrema importância olharmos para o futuro, porém devemos ter equilíbrio ao olharmos para o passado, a fim de não cairmos nas mesmas armadilhas.

Estou falando, assim, de princípios e competências que são poderosas armas e podem ajudar nas experiências diárias de nossas carreiras. Nos próximos capítulos, iniciaremos jornadas nas quais descreverei alguns episódios interessantes (você vai se lembrar de um pouco de história) e vou associá-los a experiências suas e minhas do cotidiano. Você ficará surpreso ao ver quantos princípios importantes sobrevivem a décadas e recebem outras "roupagens", tendo sido usados com muito sucesso em circunstâncias de muita pressão.

Em um ensaio, Virginia Wolf escreveu: "[...] livros descendem de livros, assim como famílias descendem de famílias. Alguns descendem de Jane Austen; outros, de Dickens. Assemelham-se aos progenitores, assim como crianças assemelham-se aos pais [...] Talvez seja mais fácil entender autores vivos, examinando-lhes alguns antepassados".[2] Posso dizer que sou descendente dos livros que citei nesta obra; a grande maioria foi lida por mim, e não usada apenas como objeto de consulta ou pesquisa. Desfrutei de suas experiências, aventuras e fatos históricos. Misturei-os com a minha experiência e opiniões e apliquei-os no mundo dos negócios, nas batalhas corporativas. Espero que você tire bom proveito desta jornada que trilharemos juntos aqui e que desfrute das mesmas *Lições de Guerra* que tanto me ajudaram a enfrentar o mundo corporativo.

---

[2] BLOOM, Harold. *Gênio*: Os 100 autores mais criativos da história da literatura. Rio de Janeiro: Objetiva, 2003.

PARTE I

As Competências Pessoais

Decisões que jogavam com a vida de milhares de soldados estavam nas mãos do General Dwight Eisenhower, comandante das forças aliadas no Dia D – 6 de junho de 1944. Podemos desenvolver a mesma capacidade em nossas carreiras?

1 Decisões: Fator crítico em qualquer “batalha”

Prefiro os que dizem não resolutamente aos que dizem sim vacilantemente.

RALPH WALDO EMERSON

O Dia D

“O dia D está chegando.” Ainda hoje, ouve-se esse tipo de observação e usa-se essa afirmação, que se tornou tão famosa; 6 de junho de 1944: esse foi o verdadeiro Dia D.

Esse dia é tido como o da maior operação militar conjunta de que se tem notícia. A data que talvez tenha suplantado o Dia D seria aquela da invasão do Japão, já no final da guerra. Hiroshima e Nagasaki impediram que isso acontecesse.

No início da Segunda Guerra Mundial, os alemães, com sua eficientíssima máquina de guerra, varreram toda a Europa. Na França, encurralaram franceses e ingleses na praia de Dunquerque, obrigando-os a uma vergonhosa retirada pelo Canal da Mancha até a Inglaterra. Em 1943, os Aliados decidiram voltar ao continente e libertar as nações subjugadas pelo nazismo, sendo que uma das portas de entrada foi a Normandia, no famoso Dia D.

A operação Overlord, como foi chamada desde a sua preparação, foi simplesmente gigantesca. Soldados de várias nações começaram a se reunir na Inglaterra para a preparação dessa grande operação. Quando chegaram às suas áreas de reunião, alinharam-se por divisões, corpos e exércitos em centenas de milhares – no total, quase dois milhões de homens e aproximadamente meio milhão de veículos. Foram precisos 54 mil homens para fornecer os serviços de apoio necessários para a força, incluindo mais de 4.500 cozinheiros do Exército, recém-treinados.

Depois de um longo investimento em armas, equipamentos, suprimentos e até mesmo vidas (muitas vidas se perderam durante os treinamentos), finalmente, o grande dia chegou. O general Eisenhower fora designado comandante supremo das forças invasoras. Ao todo, havia 5.333 navios, variando de belonaves a navios-transporte e embarcações de desembarque que cruzavam o Canal da Mancha por si mesmos. Eram oriundos de 12 nações – Estados Unidos, Grã-Bretanha, Canadá, Austrália, Nova Zelândia, África do Sul, França, Bélgica, Noruega, Polônia, Grécia e Holanda.

No ar, também estava prestes a entrar em ação a maior armada aérea que já se conseguiu reunir. No Dia D, os Aliados fizeram mais de 14 mil ataques aéreos. Estavam prontos para entrar em ação 3.467 bombardeiros pesados, 1.645 bombardeiros médios e 5.405 caças.

Dentre os milhares de acontecimentos que marcaram essa grande ocasião, gostaria de me concentrar em um detalhe que eventualmente passou despercebido por grande parte dos historiadores, mas que mostrou o grande desafio de se tomarem decisões. Os navios carregados de tropas e veículos partiram em 4 de junho e a invasão estava programada para o dia seguinte. Um ponto de crucial importância eram as condições climáticas, porque, desde o dia 4, o tempo estava chuvoso.

Além do desembarque em si, que seria bastante facilitado nas praias da Normandia se o tempo estivesse bom, havia o apoio aéreo. A superioridade em termos de soldados não era tão grande, mas o apoio aéreo, certeiro, seria um ponto-chave no sucesso da operação.

Para as tropas, 4 de junho foi um dia terrível. O mar estava revolto. Todos os navios, simplesmente abarrotados de soldados da Infantaria até os conveses, revelavam um cenário deprimente, de tensa espera, tempo ruim e péssimas condições de higiene em razão dos enjoos. Com todo esse número de navios e soldados a caminho, o general Eisenhower, devidamente aconselhado por seus comandantes, optou pelo adiamento da operação. Nada seria feito naquele dia.

A solidão da decisão...

No entardecer do dia 4 de junho, Eisenhower encontrou-se em Sothwick House com os oficiais de seu estado-maior: Montgomery, Tedder, Smith, Ramsay, Leigh-Mallory, Bradley, general Keneth Strong e vários outros oficiais de alta patente. Às 21h30, chegou o último boletim meteorológico. A chuva estava bastante forte, mas havia muitas chances de diminuir na manhã seguinte e de o dia estar com condições mínimas de visibilidade e navegação. Os bombardeiros deveriam estar prontos do dia 5 para o dia 6 de junho, apesar de as nuvens esparsas dificultarem sua tarefa.

Os oficiais estavam divididos. Leigh-Mallory, por temer o fracasso do ataque aéreo, instou para que se adiasse a operação para o dia 19 de junho. Eisenhower caminhava pelo recinto cabisbaixo, ora perguntando a um, ora perguntando a outro, as opiniões quanto a se lançar ou não o ataque. Elas continuavam divididas e apenas Eisenhower poderia decidir. Smith estava impressionado com "a solidão e o isolamento de um comandante numa hora em que devia decidir tal questão, com pleno conhecimento de que o fracasso ou o sucesso só a ele seria atribuído".[1]

Eisenhower continuou passeando, com o queixo enterrado no peito. Deteve-se e observou: "A questão é: por quanto tempo você pode colocar essa operação na ponta de uma árvore e deixá-la ali pendurada?".[2]

Ninguém respondeu a essa pergunta. Eisenhower voltou a caminhar. Os únicos sons da sala eram o matraquear das portas duplas e da chuva. Mas parecia difícil que um ataque anfíbio pudesse ser lançado num tempo como aquele. Às 21h45, Eisenhower tomou sua decisão: "Estou bem convencido de que a ordem deve ser dada".[3]

Por volta das 23 horas, todos os navios da frota haviam recebido a ordem de navegar. O Dia D seria 6 de junho de 1944. Eisenhower até se preparara com uma nota à imprensa, caso o ataque fracassasse. Alguns dias

---

[1] AMBROSE, Stephen. *O Dia D: 6 de junho de 1944*. Rio de Janeiro: Civilização Brasileira, 1997. p. 224.

[2] Idem, *op. cit.*, p. 225.

[3] Idem, *op. cit.*

mais tarde, ele achou essas anotações em sua carteira, jogou-as fora (rindo), mas um de seus oficiais as tirou do lixo, guardando-as em seu diário.

Decidir: arte ou aprendizado?

Que tipo de treinamento leva um homem a estar preparado para tomar sozinho uma decisão que põe em risco a vida de milhares de pessoas? Mesmo com toda a segurança que o general procurou demonstrar, ficou claro que foi uma decisão tomada com o melhor cenário que podia enxergar à sua frente e, com certeza, não tinha a segurança total de seu sucesso. Como foram as primeiras decisões que Eisenhower tomou, ainda como cadete na academia militar?

Quantos de nós, em nossas vidas, precisaremos tomar decisões semelhantes? Vale a pena pensar nisso. Esse tipo de decisão pode ser nossa visão do ponto ao qual devemos chegar, no sentido de estarmos preparados para decidir, mas as perguntas são: Como começamos? Será que tomar decisões é algo nato? Nascemos com isto? É um dom?

Em minha opinião, treinamos para ser assim. Expomo-nos para ser assim. Pagamos, às vezes, altos preços em nossas carreiras pelos erros de decisões, mas, da mesma forma, recebemos os dividendos se soubermos aproveitar os louros das decisões bem tomadas. Mas, com certeza, é um hábito que começa cedo. Tem de começar cedo! É como condicionamento físico. Não adianta pensar em ser um campeão olímpico se você começar a treinar aos trinta anos. O condicionamento vem desde a infância. A capacidade de tomada de decisões é testada desde cedo, a começar pelas decisões de nossa própria vida pessoal.

Hoje, quando vejo as pessoas se aproximarem, esperando pelas minhas decisões, fico pensando como foi meu começo. Fui vagaroso nas decisões? Tinha medo de me expor? Punha alguém na minha frente? Realmente não me lembro. Apenas sei que hoje é interessante observar, do outro lado da mesa, os diversos tipos de abordagens quando sou procurado como chefe, e como cada um se comporta na busca de decisões.

Numa reunião, a frase mais ouvida é "Precisamos decidir". Quantas coisas se escondem atrás do verbo na primeira pessoa do plural! O grupo precisa mesmo decidir ou o indivíduo não quer tomar a decisão sozinho? Ou não deve tomar a decisão sozinho? Ou não se sente confortável em apenas recomendar uma decisão?

Os "enganadores"

Tive um gerente em minha equipe que era um grande especialista em levantar todos os dados. Meticuloso, sabia todos os números e simulava todos os cenários. Com uma vasta experiência, mostrava tudo o que poderia acontecer, mas... não decidia! Mandava as opções por e-mail, com a famosa pergunta no final: "O que você acha?". Esse indivíduo conhecia tudo, mas apresentava um defeito: não tinha coragem de decidir. Por outro lado, eu me divertia com minha resposta a ele: "Diga-me primeiro o que VOCÊ acha". Aí, então, levava-se o dobro do tempo para decidir (pela lógica, deveria ser o oposto: você passa mais tempo coletando dados para que a decisão seja rápida).

Outros gostam de uma abordagem mais pessoal e marcam uma reunião para decidir algo. Um caso de que me recordo é o de uma funcionária, analista de negócios, com bastante experiência, mas uma contribuidora individual. Nunca havia trabalhado como gerente. Provavelmente uma das primeiras de sua classe na faculdade, bastante agressiva e confiante... até precisar tomar uma decisão. Esse perfil é típico daqueles que gostam de decidir para agradar o chefe ou mostrar que estão plenamente em "sintonia". Quando me trazia as propostas para análise, passava cada uma das opções bem vagarosamente, observando o meu interesse por meio de minha linguagem corporal: meus olhos ao examinar o documento, minhas exclamações ou desacordos e... bingo! Ela sabia qual provavelmente seria a minha decisão naquele assunto. Quando eu passava essa mensagem, ela calmamente apontava para a opção e dizia: "Acho que devemos ir por este caminho".

Por duas vezes, ela teve sucesso. Na terceira, mudei de tática. Coloquei toda a minha ênfase justamente no que achava que não deveria ser feito. Quando ela, então, deu sua recomendação final e veio meu desacordo, o pânico foi total. Descobri que sua autoconfiança era tão baixa que não conseguia conviver com o fato de que havia um desacordo entre ela e o chefe. Em sua mente, sua carreira havia sido marcada.

Outra tática (muito usada, por sinal) é a de se convocarem reuniões para a tomada de decisões. Porém, há uma enorme diferença entre trocar opiniões calorosamente sobre o caminho a ser seguido e usar uma reunião para esconder seu ponto de vista, estimular a participação de outros e, então, decidir. Não há nada de mais em se dizer "Não sei o que fazer". Mas acho que isso é a última coisa que alguém fala. Por outro lado, o exercício de se caminhar para uma decisão já é uma grande coisa, e o fato de cada um poder externar SUA decisão e todas serem colocadas à prova da discussão coletiva é o grande benefício final. Porém, a "fogueira das vaidades" nem sempre permite isso. Parece que sempre deve haver uma "guerra" de opiniões, em que o importante é decidir CONTRA a outra ideia, e não por aquela que faça mais sentido para o negócio, mesmo que no fim não tenha sido algo proposto por você.

Não há maior benefício para um gerente, diretor ou presidente de uma companhia do que ter uma equipe que constantemente exponha suas opiniões sem barreiras, de modo impessoal e profissional, e que externe qual seria a decisão se o indivíduo tivesse de tomá-la sozinho. Esta é chave: não basta perguntar sua opinião. Opinião é algo superficial e sem comprometimento. A grande pergunta é: Qual seria a sua decisão se você estivesse sentado em meu lugar? Lembrem-se da situação de Eisenhower. Ele perguntou e seu *staff* respondeu claramente o que faria, cada um de forma diferente. Quando há consenso, é mais fácil. Quando a questão é muito difícil e as opiniões se dividem é que entra a importância de se ter a capacidade de decidir. Imaginem se Eisenhower postergasse as decisões até que houvesse consenso...

Não tenha medo de decidir!

Essa capacidade de tomar decisões aparece principalmente nos momentos difíceis. Há companhias que não tocam em suas estruturas e pessoas, sejam quais forem as condições do negócio ou do país, embora isso tenha um limite, pois o negócio vai à falência. Em meu caso, trabalhei em companhias que reagiam rapidamente às pressões do ambiente ou do negócio e reduziam drasticamente seus quadros, sempre que necessário. Posso dizer que a tarefa mais desagradável para um gestor é ter de cortar efetivos e despedir pessoas. Foram os momentos mais penosos de minha carreira. Mas essa é mais uma atribuição do gestor: tomar decisões quando necessário, mesmo as mais desagradáveis.

Nos últimos anos, as técnicas de gerência mudaram tanto que, às vezes, as pessoas confundem trabalho de equipe com democracia. Por mais que haja a gerência participativa e as pessoas emitam suas opiniões, um gestor ainda tem de decidir. O presidente de uma companhia não é o presidente de um Conselho de votantes. Ele ouve as opiniões e decisões individuais e DECIDE o que deve fazer. As discussões aperfeiçoam a qualidade da decisão, mas ainda estamos em uma cultura em que "alguém bate o martelo" e toma a decisão final.

No MBA, dei verdadeiros nós em meu cérebro tentando aprender as árvores de decisões. Pensei que o processo de decisão fosse algo natural e quantitativo. Com os números e as probabilidades corretas, seria fácil. Mas, ao sair para o mundo real, percebemos que tudo é muito mais complexo do que cálculos. Quando se acrescentam as complexidades de uma economia como a nossa, com muitas variáveis e, acima de tudo, o grande complicador que é o ser humano, as decisões começam a parecer muito mais complicadas.

Por outro lado, tenho a convicção de que se trata de um processo que pode ser aprendido. E, para ser aprendido, tem de ser praticado. Não tenha receio de agir assim desde o início de sua carreira, seja lá o que você faça. Uma das frases que mais marcaram minha carreira foi a de um velho amigo, Preben Vills, um *headhunter* que, numa hora de grande dificuldade para mim, disse: "Confie em seu taco!". Acho que todos temos de "confiar mais em nosso taco" e ter menos medo de emitir opiniões e dizer claramente qual é a NOSSA decisão.

Fico feliz quando vejo estagiários bastante animados no início de suas carreiras, expressando suas opiniões com bastante convicção. Olho para cenas assim e vejo que posso confiar mais na capacidade de gestão da próxima geração, pois muitos estão começando a tomar decisões mais cedo. Cada vez mais, ouço expressões do tipo: "Se fosse eu, optaria por lançar o produto em maio", ou "Se você tomar a decisão desse desconto, vai perder muita margem e isso não é interessante" ou "Em minhas análises vi que as vendas no Norte estão caindo e há algo errado lá". São frases que vêm de iniciantes nas carreiras. No entanto, essas pessoas, com o material de análise em mãos, podem fazer algo importante: tomar decisões.

Quando fui presidente da Rockwell do Brasil, reuni-me com o meu *staff*, do qual faziam parte gerentes de algumas unidades de negócios, para examinar o contrato de um cliente muito importante, numa transação que precisávamos fechar, pois estávamos atrasados nos resultados. Todos os gerentes eram experientes, menos uma jovem estagiária de Direito que era nosso único recurso legal naquele momento. Tínhamos experientes advogados externos que seriam consultados posteriormente. Todos estávamos ansiosos em ir adiante na transação e fechar o pedido. Virei-me para a estagiária, numa espécie de *pro forma*, e perguntei o que ela achava.

Olhando-me com toda a firmeza e ignorando o restante dos presentes, disse-me com convicção: "Se eu estivesse em seu lugar, não assinaria esse contrato de jeito nenhum. Isso vai colocá-lo em maus lençóis!".

Ficamos todos em um misto de perplexidade e admiração diante da afirmativa tão incisiva. Para resumir a história, não assinei naquele momento. Acabamos ganhando o contrato, mas foi uma batalha jurídica entre os advogados da companhia aqui no Brasil, dos Estados Unidos e o cliente. Tudo começou com a estagiária. Com a convicção de tomar uma decisão... e externá-la com coragem!

Posso dizer aqui que sua carreira estará sujeita à capacidade de tomar decisões. Desde o início. Desde a decisão de estudar ou não estudar, que escola frequentar, escolher entre ir ao cinema ou estudar, que tipo de emprego procurar. Aí então, dentro da companhia, você será observado pela contribuição que dará. E essa contribuição será maior na proporção que suas DECISÕES impactarem no negócio, sejam elas tomadas como um estagiário, como um contribuinte individual ou como um gerente. Mas acostume-se a ter coragem de decidir, a "confiar em seu taco". Você pode estudar durante dez anos sobre como tomar decisões corretas, mas o aprendizado virá apenas com a prática, com os erros e acertos, e o conhecimento que você ganhará de si mesmo ao passar por esse processo inúmeras vezes. Se tiver um negócio próprio, ninguém tomará decisões em seu lugar. Você é o chefe e o funcionário. Você tem de decidir! Então, decida!

Saber decidir e saber julgar...

Há um lembrete importante neste assunto. Há uma diferença entre a capacidade de decidir e a capacidade de julgar. Todos estamos sujeitos a cometer erros nas decisões. Conheço um grande executivo que criou seu "livro de erros", com anotações importantes para que não voltasse a cair nas mesmas armadilhas. Mas o grande alerta é a falta de capacidade de julgar. Alguns chamam essa capacidade de bom senso, sensibilidade, discernimento. Se você estiver ocupando uma posição de chefia, esse é um perfil ao qual você deve prestar muita atenção (ou seja, deficiência de bom senso e capacidade de julgamento) para ver se está presente em sua equipe, pois pode colocá-lo em dificuldades. Com estes, a capacidade de decidir deve ser muito bem vigiada.

E não é difícil mapear alguém com esse perfil, pois, em geral, deixa "rastros" na maioria das coisas que faz, onde a causa-raiz sempre está presente: o julgamento e o discernimento ao tomar a decisão não foram corretos. Ao rastrear um funcionário desse tipo, por exemplo, você percebe que políticas da companhia são quebradas na forma como ele ou ela contrata pessoas. Mais tarde, um cliente reclama e você percebe que a decisão que levou a isso foi tomada pela mesma pessoa. Ao tratar com um fornecedor, essa pessoa não conseguiu perceber o envolvimento com o mesmo, que poderia levar a sérios questionamentos sobre ética e colocar toda a companhia numa situação delicada.

Não raro em minha carreira tenho de seguir muito de perto pessoas assim, pois são como um "elefante solto na sala de jantar". Muito bem-intencionadas ao tomar decisões, mas por alguma razão falham no processo de julgamento e as decisões têm consequências desastrosas. E é o superior que no fim é responsabilizado por isso. Infelizmente, pessoas assim ocupam um tempo enorme de seus chefes, ao contrário daqueles que têm um bom histórico de decisões, a quem o chefe pode "deixar soltos", sem correr risco algum. Faz parte da carga de um líder trabalhar com pessoas de todos os perfis e tratar cada uma de forma diferenciada, pois são pessoas diferentes.

Prepare-se sempre para despender um bom tempo com essas pessoas, pois esse perfil sempre está presente nas organizações.

Uma pergunta que você eventualmente pode estar fazendo a si mesmo é a seguinte: será que EU sou visto dentro desse perfil? Uma boa reflexão. A resposta é fácil. Olhe para trás e analise as consequências de cada decisão importante que você tenha tomado no trabalho nos últimos 12 ou 24 meses. Se o histórico for conturbado, está na hora de analisar o processo que você usa para decidir.

Aqui vão algumas dicas que podem ajudar. Cuidado com as decisões emocionais. Geralmente, elas não têm boas consequências. Nesse cenário, o WhatsApp é um perigo muito grande. Quando você está nervoso, deve evitar o ícone *send*. Só o faça quando a poeira estiver assentada. Outra dica é ser mais analítico antes de decidir. Considerei todos os fatos? Considerei principalmente (e isso é de extrema importância) todas as consequências do que vou decidir? Considerei o cenário como um tabuleiro de xadrez, antevendo as jogadas de meu oponente para dois, três ou quatro cenários das minhas decisões?

Independentemente da emoção, há pessoas que tomam decisões muito apressadamente (às vezes, você não tem opção!). Muitos decidem rápido em qualquer circunstância. Se o histórico das consequências não for muito bom, é interessante criar o hábito de ponderar um pouco mais, deixar as ideias serem "processadas" de forma mais clara e então tomar a decisão. É incrível o que uma noite de sono faz pelo processo decisório e pelo alinhamento das ideias.

Uma boa técnica é a troca de ideias com pessoas de sua confiança. Muitos de nós extraímos grandes benefícios do "pensamento alto" quando estamos em dúvida e testamos antes as decisões a serem tomadas. É um processo que ajuda bastante.

Cada um de nós tem talentos e limitações que muitas vezes são natos. Os talentos sempre nos ajudarão. As limitações não nos impedirão de chegar a lugar algum, desde que as reconheçamos e, dentro da óptica de tomada de decisões, usemos as ferramentas que compensarão essa debilidade. Por exemplo, alguns têm o talento nato de processar todas as informações e consequências e, só depois, decidir. Outros precisam trocar ideias. Não há demérito algum nisso. Aquele que soube processar tudo muito rápido talvez não tenha tido o tato de comunicar corretamente nem motivar o time (com seus talentos naturais) e precisará de reforço nesse aspecto, pois este é seu ponto fraco.

O contraponto das análises detalhadas

Quando algo importante deve ser decidido, na maioria das vezes, julgamos que precisamos ter os mais detalhados dados que possam fundamentar as decisões a serem tomadas. Pesquisas recentes têm demonstrado que nem sempre isso é verdade.

Malcolm Gladwell, em seu livro *Blink*,[4] demonstra que o excesso de dados pode nos levar a ignorar os dados realmente importantes a serem considerados em um processo de decisão. Uma das provas mais contundentes são os médicos, soldados, bombeiros, enfermeiros, profissionais que tomam decisões bastante acertadas em momentos de extrema pressão,

---

[4] GLADWELL, Malcolm. *Blink*: a decisão num piscar de olhos. Rio de Janeiro: Rocco, 2005.

quando a mente consegue processar as informações essenciais para tomar decisões de extrema urgência e velocidade.

Há uma grande diferença entre excesso de informações e informações essenciais para uma tomada de decisão. Gladwell retrata a seguinte experiência:

> "Há muitos anos, um pesquisador chamado Stuart Oskamp realizou um célebre estudo no qual reuniu um grupo de psicólogos e pediu que cada um deles examinasse o caso de um veterano de guerra de 29 anos chamado Joseph Kidd. No primeiro estágio da experiência, ele lhes deu apenas informações sumárias a respeito de Kidd. A seguir, Oskamp forneceu uma página e meia datilografadas em espaço simples a respeito da infância dele. No terceiro estágio, deu a cada pessoa duas outras páginas sobre os anos de Kidd no ensino médio e na faculdade. Finalmente, Oskamp deu-lhes um relato detalhado do período que Kidd passou no exército, bem como de suas atividades posteriores. Depois de cada estágio, os psicólogos eram solicitados a responder a um teste de múltipla escolha de 25 questões a respeito de Kidd. Oskamp constatou que, à medida que dava aos psicólogos mais e mais informações a respeito de Kidd, a confiança deles na exatidão dos seus diagnósticos crescia sensivelmente. Mas estavam ficando realmente mais precisos? Na verdade, não. A cada nova rodada de dados, eles voltavam ao teste e mudavam suas respostas para oito, nove ou dez perguntas, mas o índice geral de exatidão permanecia relativamente constante, em cerca de 30%. 'À medida que eles recebiam mais informações', concluiu Oskamp, 'a certeza deles a respeito das suas próprias decisões ficava fora de proporção em relação à real exatidão das decisões'."[5]

Várias outras experiências em diversos campos de atividades demonstraram os mesmos resultados: o excesso de informações não melhorou a qualidade da decisão. Novamente o desafio: buscar e selecionar as informações realmente importantes.

---

[5] Idem, *op. cit.*, p. 140.

Em todas as situações, entram fortemente conceitos que podemos chamar de "instinto", "sexto sentido", "experiência". O fato é que Gladwell deixa claro que "a tomada de decisões realmente bem-sucedida depende de um equilíbrio entre pensamento deliberado e instintivo...".[6] Essas experiências comprovam que nossa mente tem uma capacidade infinita de processar informações anteriores e fazê-las trabalhar a nosso favor em um momento de decisão. Mostram que, junto com a coleta de dados, precisamos confiar em nossa própria capacidade de processá-los, analisá-los e transformá-los em conclusões e decisões. Quanto mais exercitarmos esse processo, mais contaremos com nossa própria capacidade de tomar boas decisões. Deixar de usá-lo significa condenarmos essa capacidade ao "atrofiamento", quando então poderemos nos tornar dependentes, única e exclusivamente, de decisões alheias, pois teremos perdido a confiança nas nossas próprias.

Enfim...

O amigo que continua me perguntando por e-mail "O que você acha?" vai continuar fazendo essa pergunta pelo resto de sua carreira. Talvez ele tenha chegado ao pico de uma zona de conforto e não tenha encontrado suas próprias ferramentas de como decidir melhor. E não vai sair de lá, a não ser que mude. Por outro lado, assim como a decisão que o general Eisenhower tomou teve consequências positivas, há milhares de outras histórias em que decisões conduziram a fracassos e morte de muitas pessoas. Ainda assim, isso não é razão para que você opte por ser um espectador no espetáculo da vida, pelo simples receio de tomar decisões.

Boa sorte e... confie em seu taco!

---

[6] Idem, *op. cit.*, p. 142.

Os britânicos liderados por Winston Churchill deram o mais tocante exemplo de perseverança nos primeiros anos da Segunda Guerra Mundial. Em muitas ocasiões de nossa jornada profissional precisamos do mesmo calibre de fibra e persistência.

2 Resiliência: Crucial na guerra ou na carreira

A boa madeira não cresce com o sossego;
quanto mais forte o vento, mais fortes as árvores.

J. WILLARD MARRIOTT

Certa ocasião, um jovem executivo, com uma brilhante carreira pela frente e em busca de um novo emprego, pediu-me para colocar meu nome em seu currículo como referência. Logicamente, sempre concordo em apoiar os jovens talentos. Quando dei minha anuência, ele me disse: "Quero sempre ter em minhas referências pessoas com carreiras de sucesso!".

Essa afirmativa me fez pensar bastante, pois os sacrifícios que fiz durante a carreira, os erros que cometi e as frustrações pelas quais passei às vezes me distanciaram do sentido de sucesso. Não sou pessimista, muito pelo contrário. Mas percebo que o sentido de sucesso difere muito ao se olhar para essa definição quando se está a caminho de algo, ou quando se chega a uma posição em que muitos outros querem chegar. O título no cartão de visita nem sempre condiz com o estado de espírito de quem o apresenta.

Em outras palavras, quero dizer que, muitas vezes, uma história de sucesso é uma história de QUASE fracassos. A linha que divide esses dois mundos é muito tênue. Quando ouvi a afirmativa desse meu jovem amigo, permiti que minha mente vagasse pela metade do copo vazio. Pude lembrar-me de quantas vezes executei tarefas das quais não gostava ou que não eram o meu forte. Recordei quantos chefes tive e cujos estilos não combinavam comigo de jeito algum. Foram inúmeras as vezes em que não me senti seguro com as decisões que tomei, mas, com grande alívio (e começo agora a usar a palavra sorte), os resultados foram bons. Inúmeras vezes, achei que meu emprego estava em risco em razão de não alcançar os objetivos desejados. Mas, no fim das contas, sempre continuei seguindo em frente. Parece um chavão falar sobre o apoio de nossos cônjuges, mas esse trabalho de "retaguarda" me salvou muitas vezes de decisões impensadas no dia seguinte.

A perseverança de um estadista

Ao olharmos a vida de Winston Churchill, o grande estadista britânico e primeiro-ministro da Inglaterra durante a Segunda Guerra Mundial, admiramos a estatura de um líder que foi peça-chave na derrubada do nazismo. Às vezes, é difícil imaginar que um homem como esse teve muitos "quase fracassos" (ou fracassos de fato) até que chegasse à vitória final. As seguintes palavras registradas em seu diário mostram como foram difíceis os primeiros anos da guerra, até que as vitórias começassem a surgir:

> "Fazia, então, 28 meses que eu estava na chefia do governo. Neles, havia suportado uma sucessão quase ininterrupta de derrotas militares. Tínhamos sobrevivido à capitulação da França e aos ataques aéreos à Grã-Bretanha. Não fôramos invadidos. Ainda conservávamos o Egito. Estávamos vivos e acuados; mas era só. Por outro lado, que enxurrada de desastres desabara sobre nós! O fiasco de Dakar, a perda de todas as nossas conquistas dos italianos no deserto, a tragédia da Grécia, a perda de Creta, os reveses invariáveis da guerra japonesa, a perda de Hong Kong, a invasão das Índias Orientais holandesas, a catástrofe de Cingapura, a conquista japonesa da Birmânia, a derrota de Auchinleck no deserto, a rendição de Tubruq e o fracasso, como era considerado, de Dieppe: todos eram elos mortificantes numa cadeia de desgraça e

frustração sem nenhum paralelo em nossa história. O fato de já não estarmos sozinhos, mas termos como aliadas as duas nações mais poderosas do mundo, lutando desesperadamente a nosso lado, sem dúvida trazia a certeza da vitória final. Mas isso, afastando o sentimento de perigo mortal, só tornava as críticas mais livres. Acaso era de se estranhar que todo o caráter e o sistema de direção da guerra pelos quais eu era o responsável fossem questionados e contestados?

Na verdade, é extraordinário que, nessa lúgubre calmaria, eu não tenha sido destituído do poder ou confrontado com exigências de modificação de meus métodos – o que, sabidamente, eu nunca aceitaria. Nesse caso, eu teria desaparecido de cena com um fardo de calamidades sobre os ombros, e os frutos, finalmente prestes a serem colhidos, teriam sido atribuídos a meu tardio desaparecimento. É que, na verdade, todo o panorama da guerra estava prestes a se transformar. Dali por diante, nosso destino seria o sucesso crescente e quase imaculado, a não ser por um ou outro infortúnio. Embora a luta devesse ser longa e árdua, exigindo de todos os mais extenuantes esforços, havíamos chegado ao topo do desfiladeiro. Nossa trilha para a vitória não seria apenas segura e certeira, mas acompanhada por constantes eventos animadores. Não me foi negado o direito de participar dessa nova fase da guerra, graças à união e à força do Conselho de Guerra, à confiança que conservei de meus colegas políticos e militares, à inabalável lealdade do Parlamento e à persistente boa vontade da nação. *Tudo isso mostra o quanto há de sorte nas questões humanas e o quão pouco devemos nos preocupar com o que quer que seja, exceto em fazer o melhor possível*".[1] (grifos do autor)

É impensável o que aconteceria à própria humanidade se não fosse a incansável (ou penosa?) resiliência de Churchill. A Inglaterra tornara-se, na realidade, o último ponto de resistência ao nazismo na Europa Ocidental (sem contar uns poucos países neutros e pequenos). Açoitados pelo ar, bombardeados em toda a pequena ilha, sofrendo derrotas em todas as outras frentes, os ingleses tinham a receita perfeita para sucumbir.

---

1 CHURCHILL, Winston. *Memórias da Segunda Guerra Mundial*. Rio de Janeiro: Nova Fronteira, 1995.

Nesses anos cruciais, a resistência (com derrotas reais, sem, porém, perder o controle de seu país) significou tempos preciosos até que os Estados Unidos entraram na guerra e também a Rússia, a qual se tornou o grande inimigo dos alemães na frente oriental, fazendo "virar o jogo" da guerra e levando os nazistas à derrota em 1945.

Geralmente, nossos tempos de resistência e resiliência mais difíceis são os que têm maior impacto em nosso futuro. E também que nos levam a grandes vitórias... no futuro. Às vezes, no meio desse turbilhão, torna-se difícil ver, e até acreditar, que o futuro será mais brilhante. Até mesmo Churchill talvez não enxergasse, mas ele mudou o curso da história... perseverando.

Sem querer ser repetitivo (pois esta história é conhecida), o discurso de despedida de Churchill no Parlamento inglês teve apenas três palavras: "Nunca... nunca desista!". Muito mais do que imaginamos em nossa carreira, temos de dizer a nós mesmos "Nunca... nunca desista!".

Nossas batalhas individuais

As últimas décadas assistiram a uma explosão sem igual dos negócios e das grandes corporações no mundo. Gigantes multinacionais espalharam-se por todo o globo em uma velocidade nunca vista nas décadas anteriores. Gigantes da tecnologia como Google, Microsoft e Facebook substituíram outros gigantes industriais como a GE e a GM. Histórias de sucesso e de crescimento tão rápido não eram tão comuns no início de carreira de minha geração, como são hoje para aqueles que ingressam no mundo corporativo.

As notícias desse crescimento, os casos relatados nos livros didáticos e até mesmo os casos estudados nas escolas de Administração dão uma impressão muitas vezes de que o sucesso é fácil de ser alcançado. Esse cenário parece dispensar a noção de que o sucesso chega depois de se amargarem muitas "derrotas". A veneração por MBAs milionários, de primeira classe, passa a ilusão de que o melhor diploma do país pode garantir o sucesso de decisões táticas e estratégicas de negócios e assegurar uma carreira de sucesso.

Essa situação aumenta a percepção de que o fator sorte ocorre com uma frequência superior a qualquer possibilidade estatística. O fator sorte lembra-me um ditado popular de que "a sorte nunca favorece a quem não está preparado". Tenho convicção de que a estrada que conduz a uma carreira bem-sucedida estará sempre pavimentada por grandes sacrifícios pessoais, mais "sapos" do que a nossa garganta pode aguentar, frustrações e muito trabalho. Qualquer coisa diferente disso, mesmo que empurrada pela "sorte" de uma carreira bem-sucedida precocemente, não dará a experiência e a "têmpera" necessárias para que se exerça, no devido tempo, uma liderança madura e bem-sucedida.

Por essa razão, repito que o atributo resiliência é um dos mais importantes para ser desenvolvido durante uma carreira. Significa perseverar nos estudos, na busca de um trabalho de qualidade, em princípios que são importantes no mundo empresarial. Mais tarde, falarei sobre Ética, que também representa um ponto de perseverança na crença desse princípio, que não deve ser abandonado quando surgem atalhos para um sucesso apenas financeiro mais rápido.

Aliás, o sucesso financeiro completo, recompensador, depende também de perseverança em outros aspectos de nossa vida, os quais trazem o verdadeiro equilíbrio da vida executiva. Esses aspectos incluem família, equilíbrio emocional e espiritual, assim como físico. Todos precisam de constância e foco, para que se reflitam adequadamente em nossas vidas. Neal A. Maxwell (que já apresentei nos Agradecimentos deste livro), em uma de suas obras, declarou que "o ritmo é tão importante quanto a velocidade", mostrando que a corrida desenfreada rumo a um objetivo, sem consistência, em curto prazo diminuirá fortemente a velocidade que buscamos. Assim, a perseverança em outros valores é tão importante para uma carreira bem-sucedida quanto a perseverança na carreira em si.

Há um fenômeno estranho em nossas carreiras. Quando estamos envolvidos intensamente com o trabalho, há momentos em que podemos torná-lo o centro de nossas vidas. E essa é a grande armadilha. Nessas horas, devemos ter um alarme interior que toque e nos acorde para as verdadeiras prioridades.

Como presidente de uma companhia, sempre passava pela "necessidade" de trabalhar até mais tarde; nos piores dias, nunca saía do escritório depois das oito horas da noite. Em algumas ocasiões, quando o relógio passava das sete da noite e ainda havia "alguns e-mails importantes para terminar", algo acontecia em minha casa ou família que me forçava a largar tudo o que estava fazendo e ir para lá. Naquele momento, saía com uma forte dor de consciência, por estar deixando algo importante sem ser feito. Esse sentimento se mostrava forte e patente quando passava a chave em minha mesa.

No carro, a caminho de casa, já começava meu diálogo com minha esposa e meus filhos, pelo celular. Minha mente ia gradualmente ocupando-se com os desafios que precisavam ser resolvidos "do lado de lá". À medida que ia me aproximando de casa, outro tipo de culpa ia se apoderando de minha mente: aquela causada por não ter saído mais cedo do escritório.

Novamente, o mesmo movimento de chave, só que dessa vez abrindo a porta de minha casa. Exatamente o mesmo sentimento de culpa, só que por razões diferentes. Em minha mente, passava o seguinte pensamento: "Eu devia ter chegado mais cedo em casa!". Dois movimentos, dois sentimentos de culpa, no espaço de aproximadamente uma hora. Como é possível?

O interessante é que, ao chegar ao escritório pela manhã, o sentimento de culpa por ter saído de lá mais cedo "do que devia" na noite anterior já não mais existia. Era apenas uma tarefa a ser executada. A perspectiva da importância daquele fato havia mudado completamente.

Mais uma vez, perseverar em nossos princípios é tão importante quanto perseverar no trabalho e na carreira.

Nossas âncoras

Se eu fosse escrever um livro teórico sobre as nossas âncoras de resiliência, talvez pudesse listar muitas teorias de psicologia a respeito de como combater o estresse profissional e ter perseverança. Mas minha abordagem é prática, advinda de minha experiência, e, acima de tudo, bastante pessoal, pois é toda minha. Mas posso dizer que traz resultados.

Minha experiência diz que nossas "âncoras de resiliência" são aquelas que não nos permitem fazer do trabalho o objetivo número 1 de nossa existência. O que acontece com um indivíduo que tem no trabalho o principal foco de sua existência e perde seu emprego? Ou se uma promoção planejada e esperada não acontece? Ou se o chefe não vai com a sua cara e você nunca mais progride? Em meu caso, essa âncora foi a minha família. Quando temos outras prioridades importantes, temos o equilíbrio para sermos perseverantes nos momentos mais difíceis.

Há alguns anos, numa das companhias em que trabalhei (nesse caso, vou omitir o nome, para proteger a privacidade dos envolvidos), eu tinha em meu *staff* um time altamente profissional e agressivo nos negócios, composto de 12 pessoas, sendo que se dividiam de uma forma interessante: seis casados (entre homens e mulheres) e seis solteiros (também de ambos os sexos).

Numa dessas descidas da gangorra da economia no Brasil, o negócio teve de passar por uma forte reestruturação. Além de termos de dispensar grande parte da força de trabalho, ainda corríamos o risco de a matriz no exterior querer encerrar as operações no Brasil. Foram tempos de elevado estresse. Tivemos de contratar médicos e consultores para ajudar o primeiro escalão a lidar com o excesso de estresse que a situação provocava.

No mix de meu time, tínhamos aqueles que constantemente davam sinais (antes dessa crise) do difícil desafio de equilibrar a vida profissional e familiar (tentando lidar com o "sufoco" das prioridades entre emprego, esposa, filhos etc.). O outro grupo era formado por executivos – entre homens e mulheres – mais jovens, solteiros, com muito mais tempo dedicado ao trabalho. Era normal alguns trabalharem até altas horas da noite. Ao chegar ao escritório, encontrava-os já trabalhando, fazendo-me pensar se até mesmo haviam ido para casa.

Quando chegou a crise, ela trouxe junto o teste da capacidade de todos de lidar com o estresse. Meu primeiro pensamento foi que aqueles que eram solteiros teriam mais tranquilidade para lidar com a situação. Para a minha surpresa (só naquele momento, pois, no fundo, eu já sabia disso!), o segundo grupo foi o que teve o maior número de pessoas com complicações decorrentes do estresse, chegando até mesmo ao limite. Uma dessas pessoas foi afastada para tratamento psiquiátrico e nem mesmo voltou a trabalhar naquela companhia. Outros membros do grupo de solteiros mostraram sinais muito mais intensos de desequilíbrio ao lidar com situações de alto estresse.

A crise passou, nós nos fortalecemos como grupo de liderança e ainda tivemos grandes conquistas nos anos seguintes.

Nem de longe quero aqui discriminar os solteiros, pois sempre os tive a meu lado como membros de minhas equipes. No entanto, aquela amostragem mostrou-me que pode ocorrer de as âncoras desse grupo serem mais frágeis. Ou podemos dizer também que, quando se tem a responsabilidade por uma família, esta se torna um dos mais fortes baluartes contra o esmorecimento, o desânimo e o estresse, não porque soframos menos pressões, mas porque pensamos menos em nós mesmos.

Saída e retorno

Posso testemunhar o que representa o apoio da família em momentos difíceis. Após vários anos de uma carreira bastante recompensadora em uma das companhias que trabalhei, resolvi buscar outras experiências. Enviei alguns currículos, com bastante discrição e a poucos *headhunters*. Depois de alguns meses, ocorreu o famoso processo de aproximação, "namoro" e "casamento". Antes que me desse conta, estava em outra companhia e com outros desafios.

Outra grande companhia, líder mundial do segmento em que atuava. Passei por várias entrevistas no Brasil e nos Estados Unidos, e o futuro era bem promissor. Minha posição de entrada foi como superintendente de uma das unidades de negócio.

No mesmo período em que ingressei na companhia, entrou um novo presidente mundial – e, com ele, um novo time. Em oito meses, os três VPs que me haviam entrevistado lá nos Estados Unidos não estavam mais na companhia. Além disso, recebemos um novo VP para a América Latina, como chefe.

Penso que as modificações e reestruturações que a nova equipe trouxe foram corretas e necessárias. Acontece que, por azar, eu estava no time errado. Como fato adicional, algo que, hoje em dia, é muito comum: houve uma falta total de "química" entre meu novo chefe e eu. Como a "corda sempre rompe no lado mais fraco", em poucos meses eu estava sem emprego.

Após anos de uma carreira que eu considerava bem-sucedida, diploma nos Estados Unidos, companhias de primeira linha... eu estava desempregado. Como já contava com uma idade um pouco "mais madura", considerava-me "condenado" profissionalmente.

As grandes "âncoras" de minha vida mostraram-se valiosíssimas. Minha esposa movimentou toda a nossa família no corte dos gastos, na ajuda para a confecção de currículos e, principalmente, nas lições de ânimo e "autoajuda" domésticas, a fim de que minha mente saísse da crise. Antes de você sair de fato da crise, sua mente precisa sair primeiro.

Finalmente, todo o esforço de *networking* anterior surtiu resultados. Em quatro meses, eu estava novamente empregado, agora na condição de presidente de outra companhia.

Sempre olhei para esse período como o "buraco negro" de minha carreira. Cheguei à conclusão de que as experiências mais difíceis, a exemplo da têmpera do aço, são aquelas que mais nos preparam e nos moldam.

Aprendi muito, principalmente a respeito do valor de minha família. Foi fácil enxergar que era melhor estar sem emprego, mas com minha família, do que o contrário. Olhando para o passado, vejo que esse buraco negro tornou-se uma experiência edificante.

Bem, isso não era um "quase-fracasso", mas um fracasso real (pelo menos eu achava...), até que, cinco anos mais tarde, recebi um telefonema da mesma companhia. Por incrível que pareça, estavam interessados em conversar comigo. Ao chegar em casa naquele dia e contar a experiência para a minha esposa, disse a ela que, mesmo que aquilo não desse em nada, o telefonema havia "lavado a minha alma". Pois bem, para encurtar uma longa história, depois de seis meses desse primeiro contato, voltei para a companhia, dessa vez como presidente para o Brasil.

Outras grandes lições: nem sempre as pessoas representam de forma fidedigna a cultura de uma companhia e foi o que se passou com o meu antigo chefe. Segunda lição: nunca feche uma porta atrás de si; o mundo dá muitas voltas. Terceiro: muito tempo ainda se passa depois das experiências para que possamos classificar algo como sucesso ou fracasso. O fato é um só: a resiliência deve estar sempre presente e você deve sempre dar o melhor de si, sejam quais forem as circunstâncias. E não comprometa seus princípios, por mais difíceis que sejam as circunstâncias, pois é deles que as pessoas sempre se lembrarão quando falarem de você.

As novas gerações...

É muito interessante passar pelas diversas gerações e entender as características de cada uma no tempo, e principalmente olhá-las com os seus próprios olhos ao invés de analisá-las com as lentes de gerações anteriores. As características da Geração Y (nascidos entre 1982 a 1994) e da Geração Z (nascidos entre 1995 e 2010) têm trazido grandes desafios aos gestores e ao pessoal de RH, no que diz respeito à retenção dos colaboradores dessas gerações.

Algumas das características incluem a ligação com a tecnologia e com o meio ambiente, valorização maior do bem-estar do que apenas da carreira a qualquer custo. Qualidades muito importantes que os diferenciam das outras gerações. Outra característica é a de serem mais "inquietos" e menos acomodados com a possível estabilidade do emprego, buscando sempre por desafios mais interessantes.

Apenas uma ressalva em relação a essa última característica: se a busca constante por mudança vem de um genuíno anseio por crescimento, tudo bem. Tome o cuidado, apenas, de assegurar-se de que essas atitudes não representam uma válvula de escape contra a falta de resiliência.

Como característica geral, os pais dessas gerações passaram por períodos muito mais conturbados na economia brasileira e com menos oportunidades, afetando seu poder econômico. Como consequência, foram de uma forma geral mais preocupados e protetores em relação a seus filhos (para que não passassem por aquilo que eles passaram). Como consequência, as gerações mais jovens tornaram-se mais frágeis ao enfrentar pesadas pressões do ambiente do trabalho e da demanda por resultados. Quando acrescemos a essas características aquelas que vêm da geração que já pegou as redes sociais e o apego ao celular no período da adolescência, notamos uma nova característica: as dificuldades de relacionamento humano advindas da alta dependência da comunicação virtual, realizada por meio das redes sociais.

O choque com as culturas mais antigas traz uma pesada carga de estresse, o que mostra a necessidade de se criar uma dose maior de resiliência no ambiente de trabalho. A busca de apoio e *coaching* por parte dos gestores, dos profissionais de RH, da família e de amigos mais próximos, são ferramentas importantes para absorver a pressão e se criar maior resiliência.

Um "quase-fracasso" da guerra...

Em um dos capítulos anteriores, citei o general Dwight D. Eisenhower. Meu foco foi a sua liderança durante o famoso Dia D, na Normandia, quando os Aliados iniciaram a grande invasão da Europa, em 1944. Eisenhower continuou como comandante supremo de todas as forças Aliadas do Ocidente, enquanto os russos avançavam pela frente oriental, até a derrocada total do nazismo.

Depois da guerra, tornou-se presidente dos Estados Unidos no início da década de 1950, sendo, posteriormente, reeleito, cumprindo um segundo mandato. Um grande líder militar e depois político. Alguém que, na vida pública, foi um grande exemplo e um grande sucesso. Alguém que milhares de pessoas olharam e exclamaram: "Que carreira de sucesso!". Mas essa carreira também teve seus "quase-fracassos".

Depois que os Estados Unidos foram atacados em Pearl Harbor pelos japoneses, além da frente do Pacífico, os americanos participaram com os ingleses da invasão da África nos fins de 1942, contra as forças comandadas por Rommel, a Raposa do Deserto. Esta foi a primeira tentativa conjunta dos exércitos dos dois países, numa invasão conjunta do Marrocos e da Argélia. O general Eisenhower foi o comandante dessa arrojada operação.

Em primeiro lugar, enfrentaram uma acirrada resistência dos franceses nesses dois países, que ainda eram fiéis ao governo francês de Vichy, o qual havia sucumbido aos alemães e permanecia-lhes fiel. Depois de muitas perdas e árduas batalhas, os franceses renderam-se aos Aliados e, posteriormente, juntaram-se aos britânicos e americanos em direção à Tunísia, para o Oriente, enquanto o 8º Exército Britânico vinha da Líbia, também em direção à Tunísia.

Não é minha intenção descrever aqui todos os detalhes dessas árduas jornadas que tomaram todo o período do primeiro semestre de 1943, enquanto britânicos, americanos e franceses lutavam contra os alemães e os italianos. Basta dizer que a entrada na Tunísia interrompeu toda a sequência de vitórias que os Aliados vinham tendo durante as invasões dos dois países mencionados acima. Não houve concentração de forças; ao contrário, as forças aliadas sofreram pela perda da concentração. Cometeram erros de logística, estratégia, execução tática das diversas batalhas nas quais se engajaram, além de não terem os oficiais corretos para uma operação dessa natureza (segundo reconheceram mais tarde). Muitos ainda estavam presos aos conceitos da Primeira Guerra Mundial, em que não havia a mobilidade, a velocidade e a mecanização que os alemães demonstravam.

Havia um problema sério de coordenação entre as forças dos três países (falaremos sobre culturas mais tarde), falta de treinamento, de armamento adequado e mesmo de atitude correta dos soldados, enfrentando uma força muito bem treinada e superior nos armamentos e tanques, como eram as forças de Rommel. Entre janeiro e março de 1943, foram reveses seguidos, nos quais constantemente perderam territórios conquistados e sofreram pesadas baixas humanas.

Durante esse período, levantaram-se sérias dúvidas sobre a capacidade de Eisenhower em comandar um cenário tão complexo. Os comandantes britânicos o achavam inexperiente na frente de batalha, pois sempre havia ocupado cargos na retaguarda. Num duro golpe em seu comando e orgulho, os britânicos nomearam comandantes intermediários para servir sob Eisenhower, mas com total autonomia de ação na área militar, para que ele pudesse dedicar-se mais aos "assuntos políticos e estratégicos". Essa ação feria o princípio americano da unidade de comando sob apenas uma autoridade, deixando-o como uma figura meramente decorativa.

Foi um período muito amargo para Eisenhower (não parece familiar com algumas situações que enfrentamos no mundo corporativo?). No livro *An Army at Dawn*, de Rick Atkinson (até a data em que escrevia este capítulo, ainda não havia sido traduzido para o português), o autor cita um trecho de uma carta do general a seu filho John durante esse período: "É possível que haja a necessidade de minha dispensa e consequente remoção... Não partirá meu coração e não deverá causar nenhuma angústia mental... A guerra moderna é um assunto muito complicado...".[2]

Novamente, não citamos, nós mesmos, frases assim em algum período de nossa carreira? Não nos sentimos frustrados, com o emprego em risco e achando que estamos assinando o epitáfio de nosso futuro? Não achamos que somos incapazes e ineficientes quando uma estratégia falha ou quando sofremos severas perdas no negócio?

O mesmo autor cita, no entanto, uma grande qualidade de Eisenhower: ele estudava cuidadosamente seus erros e absorveu as lições para as futuras batalhas bem-sucedidas na Europa Ocidental. Não terei tempo nem espaço aqui para descrever como ele saiu dessa situação e como os exércitos aliados voltaram a ter vitórias na Tunísia até a expulsão dos alemães. O fato é que ele conseguiu manter-se na posição (de maneira muito tênue no início), e o futuro mostrou sua real capacidade.

Uma carreira de sucesso? Sim, mas com "quase-fracassos" que poderiam ter colocado tudo a perder.

Hoje, você pode estar enfrentando uma situação dessas (se ainda não teve esse "privilégio", prepare-se!). Você não consegue discernir se pode ser um fracasso total ou se se trata de uma fase ou barreira que está enfrentando. Infelizmente, nessas horas, tendemos ao pessimismo.

---

[2] ATKINSON, Rick. *An Army at Dawn*: The War in North Africa, 1942-1943. Nova York: Henry Holt and Company, 2003. p. 392.

Saiba onde você pisa

Minha mensagem é a de que a "guerra corporativa" é muito dura. Necessita de muita resiliência nos momentos difíceis. Em muitas ocasiões, só o fato de "conter o inimigo" já é uma vitória. Podemos sentir que não estamos indo a lugar algum e há momentos em que apenas resistir a todas as pressões já é uma vitória.

Procure sempre avaliar o seu grau de resiliência com perguntas muito simples: perco o meu sono à noite? Os desafios do trabalho fazem com que me comporte com irritação em casa? Deixei de praticar os meus hobbies prediletos? Deixei de praticar atividade física? Tenho dificuldade em sentir alegria e satisfação com a vida nas outras áreas fora do trabalho? Deixei de dedicar tempo a mim mesmo? Sinto-me como uma pessoa "encurralada" em razão dos desafios do trabalho? O relacionamento com minha chefia faz com que me sinta sempre frustrado? Perdi a satisfação e o prazer ao sair de casa para ir trabalhar?

Se duas ou mais dessas perguntas forem respondidas com um "sim", é hora de reforçar a sua resiliência, não deixando que as frustrações do trabalho invadam todas as outras áreas de sua vida. A resiliência correta nos permite conter os problemas onde eles existem, não deixando que essa represa transborde para outras áreas.

Como uma última citação de Eisenhower, deixo aqui outro trecho de uma carta a seu filho enquanto este estava em West Point. Está citada no mesmo livro mencionado, tendo sido escrita mais ou menos na mesma época dos dissabores da Tunísia. De certa forma, dá a receita de seu sucesso, mas ele se refere aos soldados de maneira geral, e seu conselho também se aplica à nossa vida corporativa: "Frequentemente, tenho observado que não é o homem brilhante que se destaca em tempos de pressões e estresse, mas o homem que pode seguir em frente indefinidamente, fazendo, de modo constante, um bom trabalho".[3] Que grande verdade!

Como a maioria de nós, se você gostar do que faz, der o melhor de si e tiver resiliência, as fases difíceis passarão e você retomará a jornada.

Seja persistente!

---

[3] Idem, *op. cit.*, p. 411.

Napoleão foi um gênio da estratégia militar, porém deixou de acompanhar as mais novas tecnologias da arte da guerra. Pagou o seu preço por isso. Corremos o mesmo risco.

3 Atualização: As "armas" podem ficar "enferrujadas"

Não existe nada permanente,
exceto a mudança.

HERÁCLITO

Muitas pessoas com as quais conversei sobre o assunto "manter-se atualizado" soltaram logo a frase: "Preciso voltar a estudar... Um MBA, talvez, ou uma pós-graduação...". Abordo o assunto referente a cursos formais em outro capítulo, falando a respeito de planejamento de longo prazo. Dificilmente, um MBA traz atualização. Aprofundamento, talvez. Especialização. Mas não real atualização. A maioria dos cursos traz textos e lições que já são aplicados na prática há muito tempo.

Algumas universidades de ponta, talvez em nível global, poderão trazer conteúdo acadêmico proveniente de novas experiências "laboratoriais". Mas quantas escolas assim existem no mundo? Qual a porcentagem de profissionais que consegue estar em uma delas? Talvez 1%, quando muito? E isso quer dizer que os outros estão destinados a nunca se sentirem atualizados? É exatamente isso que eu quero negar de modo veemente. Um profissional pode estar plenamente sintonizado com o seu mundo, com todas as suas inovações, sem ter cursado, necessariamente, um MBA.

Ao recordar-me de meu MBA, que foi um curso de 20 meses nos Estados Unidos, em período integral (com uma parada de três meses no verão para trabalhar), realmente voltei com vários novos conceitos e maior peso em meu currículo, mas o maior choque foi ver o quanto eu não sabia e o quanto eu precisava continuar aprendendo. Após décadas, esta é minha maior recordação e sentimento em relação ao curso, e não a bagagem que eu trouxe.

Apoio a educação continuada e a busca de mestrados e doutorados. Acho que é o dever de cada um de nós procurar alcançar o máximo de seu potencial. Quero, porém, frisar que atualizar-se significa algo totalmente diferente.

Existem três situações em que buscamos atualização com todo o nosso empenho. A primeira, quando somos surpreendidos por alguma circunstância pela qual não esperávamos. Algo muda drasticamente no mercado, em sua companhia, nas políticas do governo etc. Você TEM de jogar um jogo completamente diferente.

A segunda, em que não pensamos nisso por muito tempo e, quando "acordamos", sentimos que, de repente, ficamos para trás. Começamos, então, a tentar recuperar o tempo perdido. O maior inimigo dessa situação é o próprio sucesso. Enquanto está tudo bem, relaxamos a intensidade da busca acerca do que se passa à nossa volta.

A terceira situação ocorre porque, seja lá qual for o nosso grau de sucesso atualmente, faz parte de nossa natureza sempre buscarmos as novidades. Valorizamos o benchmarking e nunca estamos satisfeitos com o que fazemos. Sempre haverá uma forma de fazer melhor.

Em uma das reuniões internacionais dos gestores de uma das companhias para a qual trabalhei, ouvi uma palestra do famoso enxadrista russo Garry Kasparov. Sua carreira já havia se encerrado e na ocasião ele era um palestrante e um militante contra o regime político de seu país de origem. Estranhei ao vê-lo como palestrante a um grupo de altos executivos, pensando que seria um "relax" com um assunto diferente.

Acabou sendo uma das palestras mais marcantes a que assisti em muitos anos. Kasparov usou uma frase que me marcou muito: "Meu maior inimigo é o meu próprio sucesso". Ou seja, após uma vitória ele tinha que repensar toda a sua estratégia de jogo, pois o mundo inteiro agora a conhecia. Não é comum nos acomodarmos quando tudo vai bem?

11 de setembro de 2001: tudo mudou

Acho que os que estavam no início da adolescência ou já eram adultos naquela ocasião lembram-se do que faziam no fatídico 11 de setembro de 2001, dia em que ocorreu o atentado às torres gêmeas do então World Trade Center, em Nova York. O mundo inteiro se lembra. Podemos dizer que o mundo nunca mais foi o mesmo depois desse dia. Assim como esse evento representou o freio temporário em alguns negócios (transporte aéreo), também foi a alavanca definitiva de muitos outros (segurança, por exemplo). Muita gente teve de repensar o que fazer. Esse é o exemplo de uma grande força externa que quebrou muitos paradigmas.

Uma forte reflexão foi necessária a respeito das estratégias e táticas de guerra do Exército dos Estados Unidos. Os tristes episódios que ocorreram nesse dia, em Nova York, levaram os especialistas do Exército norte-americano a enfrentar um tipo totalmente diferente de inimigo. Acostumados a enfrentar exércitos regulares e uniformizados, pela primeira vez seu país foi "invadido" por terroristas e guerreiros informais, sem exércitos ou oficiais.

A abordagem de batalha é mais furtiva do que a de guerrilhas, e mais letal, pois o medo da morte é negligenciado e seus alvos são simples civis. Suas armas poderão incluir aviões, cartas e armas, químicas ou cibernéticas. Colin Powell, secretário de Estado (o equivalente ao ministro das Relações Exteriores no Brasil) na época dos atentados, disse:

"Não precisamos abandonar nossos profundos princípios (o que constituiria uma verdadeira vitória para os nossos inimigos), mas talvez precisemos abandonar as estratégias e táticas das quais dependemos por tanto tempo... Vejo o sucesso nessa campanha sendo medido na forma de restauração do grau de segurança na sociedade, em que as pessoas não estejam tão temerosas como estão agora."[1]

Não me lembro de um comentário semelhante sobre a mudança de enfoque de um Exército dessa envergadura. Muita coisa tinha de mudar, e rápido.

Podemos enfrentar situações semelhantes em nossas carreiras, quando um grande choque externo nos empurra para mudanças drásticas. No caso do Brasil, situações semelhantes ocorreram quando passamos por

---

[1] HARARI, Oren. *The Leadership Secrets of Colin Powell*. Nova York: McGraw-Hill, 2002.

maxidesvalorizações de nossa moeda e as estratégias de negócios tiveram de ser redesenhadas do dia para a noite.

Esse tipo de necessidade de atualização e mudanças é mais raro e pega todos no mesmo nível. O que penso ser mais alarmante é aquele tipo de mudança que ocorre sem que percebamos. Esta, sim, é preocupante, sorrateira, não faz nenhum alarme, é constante e está acontecendo enquanto você lê este livro.

A história sempre se repete...

Agora, vamos recuar um pouco mais na história e falar de um cenário militar bem anterior à Segunda Guerra Mundial. Vamos falar de um mito da história política e militar e que ainda continuará, dessa forma, por muitos anos: Napoleão Bonaparte.

Quero falar mais especificamente sobre as suas estratégias militares. Em primeiro lugar, em todas as suas batalhas Napoleão deu uma importância muito grande à velocidade, quando, frequentemente, era visto chicoteando não apenas o próprio cavalo, mas também o da ordenança que cavalgava a seu lado. Seu consumo de cavalos era inédito e assustador, sendo que milhões pereceram em suas batalhas e o esforço de substituí-los tornou-se um dos mais importantes problemas de logística.

A velocidade de movimento de suas forças devia-se também à forte motivação dos soldados. Os exércitos identificavam seu futuro e seus interesses com Bonaparte e, quanto mais baixa a graduação, maior era essa identidade.

Agora, vejamos como Napoleão utilizava todos esses recursos (artilharia, cavalaria, infantaria, rapidez, carisma etc.) em suas batalhas. O procedimento não era padronizado, mas, em geral, funcionava da seguinte forma: primeiro, uma intensa barragem de artilharia. Bonaparte tinha bons canhões, em abundância, e artilheiros de qualidade. Sua artilharia montada era capaz de manobrar suas unidades até bem próximo ao inimigo e, portanto, as peças podiam ser acionadas de perto, triplicando a eficiência de fogo. Em geral, essas barragens iniciais tinham efeitos consideráveis, infligindo pesadas perdas e inspirando ainda mais terror.

Atrás dos canhões, vinha a cavalaria, esperando que a barragem cessasse, observando os pontos débeis da linha inimiga e atacando no momento adequado. Bonaparte tinha, de longe, a melhor cavalaria da Europa, mas não era insensato a ponto de pensar que a vitória contra um inimigo resoluto e profissional podia ser conseguida apenas com a artilharia e a cavalaria.

A infantaria era essencial para dominar e conservar o campo de batalha. Os infantes eram igualmente treinados para inspirar medo, avançando com os tambores troando ferozmente, os clarins soando aos gritos de guerra ensaiados. Bonaparte explorou o poder de intimidação dos ruídos marciais, reforçando-os com o desenho de uniformes que faziam seus infantes parecerem mais altos.

Ao concluir as três ondas de ataque, Bonaparte reavaliava a situação tática e tomava as medidas adequadas. Embora em matéria de estratégia e tática Bonaparte fosse excepcionalmente competente e agressivo, em muitos aspectos era um militar bastante conservador. A maioria das inovações militares de que se beneficiara havia sido adotada no antigo regime, ou durante o regime revolucionário, anos antes.

É aqui que começamos a notar que as vitórias passam a desenvolver uma confiança tão grande que deixamos de notar que o mundo à nossa volta começa a transformar-se, devagar, mas de modo constante. Napoleão, infelizmente, passou por essa experiência.

Os pontões, os materiais móveis de metal para cruzar rios, os morteiros de sítio, tudo o que dizia respeito à tecnologia naval, inclusive balsas e transporte de tropas – nada disso despertava a sua atenção. Pouco utilizou os balões de observação e, na verdade, não tomou conhecimento do poderio aéreo, que na época era muito comentado. Ignorou a tração a vapor, embora a locomotiva e as estradas de ferro já apontassem no horizonte, e os trilhos fossem transformar a estratégia nas décadas vindouras. Poder-se-ia dizer que as estradas de ferro militares cairiam como uma luva para a estratégia de Bonaparte no que diz respeito ao rápido movimento dos exércitos.

Pode-se até mesmo suspeitar que Bonaparte concordasse com o adágio americano moderno: "Se não está quebrado, não conserte". Ou, traduzindo para o português, "Em time que está ganhando não se mexe". Melhorou e aperfeiçoou aquilo que herdara, mas não era propenso a modificar um aparato militar que atendia tão bem a seus propósitos.[2]

---

[2] Os trechos da estratégia militar de Napoleão foram extraídos de: JOHNSON, Paul. *Napoleão*. São Paulo: Objetiva, 2003.

Napoleão foi um gênio militar, mas, se tivesse prestado atenção às inovações que estavam à sua volta, é bem provável que, com a ajuda das novas tecnologias, teria evitado a derrocada de seu exército.

Passamos exatamente pela mesma experiência em nossas carreiras, quando nos concentramos demais em nosso sucesso e deixamos de perceber que à nossa volta o mundo está mudando. Quando nos damos conta disso, a revolta é tanta que somos capazes até de culpar os outros por isso.

Há algum tempo fui convidado para falar a um grupo de pessoas que estavam procurando emprego. O tema da palestra era como preparar um currículo e sair-se bem nas entrevistas. Tratava-se de uma entidade assistencial. Ouvi um pouco do histórico de cada pessoa presente e quais eram as suas dificuldades. Num certo momento, um indivíduo aparentando cerca de 40 anos pediu-me a palavra e disse o seguinte:

"Sr. Danilo, como o senhor acha que se sente uma pessoa que 'deu o sangue' por sua empresa, trabalhou até altas horas todos os dias, não mediu sacrifícios por quase vinte anos e, de repente, vê-se como uma peça descartável, jogada na rua, sem emprego, e tendo de começar do zero sem estar preparado?"

Sua voz estava trêmula, cheia de emoção e, principalmente, muito rancor. Havia cerca de cem pessoas na sala e não tive coragem de afundar ainda mais sua autoestima, mas decerto ele mesmo foi o causador de todas as frustrações. Fechou-se para o mundo, não se aperfeiçoou, deleitou-se no sucesso enquanto durou e, sem que esperasse, encontrou-se na "rua da amargura". A culpa (se é que podemos chamar assim) não foi da companhia, mas de sua própria miopia em relação à realidade que o cercava.

Atualizar-se sempre!

Finalmente, discutiremos a terceira situação: atualização e aperfeiçoamento. Devemos nos atualizar de maneira constante, não importa como esteja nosso negócio, independentemente do fato de estarmos crescendo ou não, tendo sucesso ou não em nossa carreira.

Para a atualização formal, o mercado nunca ofereceu tantos cursos de pós-graduação e MBA como agora. A pandemia de Covid-19 trouxe uma nova realidade para a rotina de trabalho: as reuniões virtuais, que se espalharam nas mais diversas plataformas de tecnologia. Com esse fenômeno, desenvolveu-se com muita força o Ensino a Distância (EAD), impensável para muitos antes da pandemia, embora apresente forte tendência de crescimento. Hoje, os mais diversos cursos de formação (e informação) estão disponíveis on-line, sem que o estudante precise sair de casa. Embora nada substitua o ensino presencial, a troca de ideias e o *networking*, por outro lado a acessibilidade, o custo e a facilidade praticamente tiraram toda e qualquer desculpa para não se completar a formação acadêmica.

Se excluirmos os MBA e cursos de pós-graduação, o que mais podemos fazer? Gosto de pensar em nosso crescimento em todos os "compartimentos", pois cada pessoa pode ter uma interpretação diferente do que seja atualizar-se. Encaro que estamos em boa forma quando crescemos e estamos cientes das novidades e tendências em todos esses "compartimentos". Por exemplo, conheço pessoas que pensam que, por estarem com o estado da arte em termos de uso de tecnologia, são executivos "atualizados", enquanto sua maneira de gerenciar pessoas ainda é do século passado.

Novamente, insisto em atualização em todos os "compartimentos". Se um deles for deixado de lado, o todo fica comprometido. Alguns dos "compartimentos" interessantes são: ferramentas tecnológicas, tendências de gerenciamento de pessoas, línguas, conhecimento do ambiente geral no qual operamos, cultura geral, *networking*, internet, entre outros. Você pode adicionar outros que eu não esteja vendo (afinal, posso estar míope em algumas áreas).

Ferramentas de tecnologia

Não sou um gênio da informática, mas procuro conhecer todas as tendências. No passado, logo que surgiram as primeiras agendas eletrônicas (pareciam com calculadoras, lembram-se?), ainda ficava bastante preso ao papel. Pulei toda aquela geração de tecnologia e achava que não me fazia falta alguma. Veio então a geração do Palm e aderi a ela rapidamente, tentando tirar o atraso. Achei que, como havia saltado a fase anterior, teria muita dificuldade de adaptação, mas eu estava enganado. Consegui aprender com rapidez e, em pouco tempo, não sabia mais como sobreviver sem a ferramenta. Pela primeira vez, pude sincronizar as agendas do laptop e da agenda de bolso e isso, para mim, era o paraíso.

Na primeira edição deste livro corri o risco e citei algumas tecnologias de uso pessoal. Foi uma lástima, pois em dois anos estavam completamente desatualizadas. Hoje então, a velocidade é muito maior e não mais ouso citar nada especificamente. O fato é que os recursos tecnológicos estão aí e nos "atropelam".

Não há dúvida de que as novas tecnologias nos deixam ligados muito mais tempo no trabalho, mas essas ferramentas apenas dominarão a sua vida se você permitir que isso aconteça. Ao contrário, elas devem tornar a sua vida mais produtiva, com menos estresse, e possibilitar que você faça mais coisas em menos tempo. A produtividade deve valer também para a sua vida pessoal. O restante é uma questão de disciplina.

Portanto, um dos maiores motivadores de minha busca por tecnologias novas é a minha produtividade, ao lado da redução de estresse e não o contrário. Essas tecnologias me permitiram cumprir com os meus prazos com mais folga, responder com mais rapidez a meus chefes e sentir menos estresse em relação às tarefas não cumpridas.

Se você for o chefe e tiver mais autonomia sobre o seu destino, caberá a você estabelecer os limites. Se for um subordinado e tiver de se submeter a um chefe que não tem limites, ainda é uma decisão sua permanecer na companhia ou não. No decorrer dessas décadas de experiência, sempre ouvi os mesmos comentários sobre os chefes que invadem a vida pessoal de seus subordinados: isso acontecia no tempo do telex (alguém ainda se lembra disso?), do fax, com o surgimento do e-mail, com a chegada do celular, do smartphone etc. Você acaba percebendo que o problema não é a tecnologia, e sim o chefe.

Sempre tive por hábito não chamar o meu pessoal nos fins de semana. E trabalhei em companhias no topo da lista da *Fortune 500*, colhendo bons resultados em todas elas. E você sabe o mais interessante? Meu pessoal sempre respeitou meu espaço e também não me chamou nos fins de semana. Logicamente, sempre tive alguns casos de emergências com clientes e funcionários, mas não o hábito de ligar para o meu pessoal para conversar assuntos de rotina no sábado e no domingo. Eles retribuíram com a mesma moeda. E sempre tivemos sucesso.

Não estou aqui condenando quem faz isso. Apenas disse que o meu estilo era o de não fazê-lo. Portanto, o problema está sempre nas pessoas, e não na tecnologia. As pessoas que insistem em dizer que "O papel para mim é insubstituível como agenda" ou que "Não quero ser mais um escravo" não têm ideia do que estão falando, além de ficarem muito mal com o interlocutor que o faz. Quem utiliza as ferramentas e a tecnologia SABE dos benefícios e da produtividade. Fico imaginando como me coloquei em situações ridículas defendendo as agendas de papel quando surgiu a primeira geração de agendas eletrônicas. Acho que muitos riram de mim.

Enfim, a atualização desse primeiro "compartimento", que é o uso da tecnologia recente em prol de sua produtividade, é fundamental. Vale a pena investir seu tempo na pesquisa de novidades, investir dinheiro para aderir às ferramentas e, por fim, investir mais tempo para deixar a zona de conforto do que você já conhece e começar algo totalmente novo.

Tendências na gestão de pessoas

Nas ciências exatas e tecnologia, é bem mais fácil detectar tendências. Quando passamos para o lado "soft" do negócio, que é o gerenciamento de pessoas, alguns executivos tornam-se verdadeiros míopes. Confundem atualização do negócio com vanguarda no mercado ou utilização de novas tecnologias e acham que estão *in* naquilo que fazem.

Os bons exemplos citados neste livro sempre foram identificados. Os casos que me serviram como *worst practice* (exemplo negativo) tiveram seus nomes suprimidos. Um deles é o de um indivíduo que conheci, num alto cargo executivo, que tinha como raiz em sua carreira a área de TI. Para cada cargo que ocupava, ele trazia o que havia de melhor em termos de sistemas. Tive contato com a sua gestão quando era responsável por uma companhia. E como foram usados seus talentos de informática? No controle de pessoas, não para lhes dar mais ferramentas e autonomia! Não sabia como delegar e mostrava claramente que não confiava nas pessoas. Tratava os funcionários como "descartáveis" e despedia-os pelas mais leves infrações ou quando simplesmente "não ia com a cara deles". Não havia espírito de equipe; ao contrário, fazia-se presente uma grande insegurança em toda a organização. Podemos dizer que era atualizado? Sim, apenas em uma área, mas o atraso em outros campos eliminava as vantagens de seu ponto forte.

Estar ligado constantemente com essa "arte" é algo um pouco mais intangível. É necessário estudarmos o estilo gerencial de pessoas ou de companhias bem-sucedidas. Buscar constantemente artigos a respeito e novos livros que sejam lançados. Desenvolver *networking* para a troca de ideias sobre gerenciamento é também de grande valia. Algumas práticas publicadas sobre as melhores companhias para se trabalhar revelam tendências importantes. E trata-se de uma área na qual temos mais dificuldades em quebrar paradigmas com os quais vivemos há muitos anos.

Uma das grandes ideias que apliquei em um negócio em *turnaround* veio de uma conversa com um executivo americano, amigo meu e com bastante experiência de gerenciamento de grandes grupos nos Estados Unidos. Numa pergunta informal, ele quis saber como eu estava com a nova experiência. Quando relatei os desafios ligados a pessoas, ele me disse: "Passei por isso em um de nossos negócios (o tamanho era de mais de dois bilhões de dólares). Deixe-me contar o que fizemos". Descreveu então, em poucas palavras, o processo e a abordagem para garantir que desde o CEO até o pessoal da limpeza estavam engajados com o resultado do negócio. Bingo! Não precisei reinventar a roda.

Sempre insisto no ponto de que gerenciamos duas áreas completamente diferentes: o negócio e as pessoas. Tudo se consolida em uma coisa só, mas a busca por ferramentas estará em áreas completamente diferentes. Por essa razão, não é raro uma companhia estar na vanguarda do mercado, mas, no tocante a gerenciamento de pessoas, poderá estar dez, vinte ou até trinta anos atrasada. Com certeza, esse tipo de liderança não será sustentável, pois, quando a vantagem competitiva advinda de tecnologia ou de produtos começar a ficar ultrapassada, será necessário um time altamente engajado e motivado para sustentar a liderança.

Esta é uma segunda área para estarmos sempre ligados e em busca das melhores práticas. Mesmo que a sua companhia não seja lá um grande exemplo de práticas gerenciais, o importante é que você comece a adotar as ferramentas que moldarão o SEU estilo gerencial e o SEU talento de "extrair" o que há de melhor nas pessoas no desempenho de suas funções.

Estudo de línguas

Por mais que o inglês hoje seja disseminado no mundo inteiro e a globalização o tenha tornado língua universal, é incrível o número de pessoas que ainda não dominam esse idioma. O mais impressionante é ver que, mesmo em multinacionais americanas e de outros países de língua inglesa operando no Brasil, o número de funcionários que dominam o idioma ainda é pequeno.

Mesmo não trabalhando em uma empresa que tenha como idioma de origem a língua inglesa, com certeza o inglês será utilizado para se fecharem negócios no exterior, para atualizações, internet etc. Além disso, hoje, no início da carreira, é tão importante partir para uma terceira língua (contando com o português) quanto foi para a minha geração concentrar-se apenas no inglês. Realmente não importa em que área você atue. Saber pelo menos uma segunda língua é o mínimo para se considerar atualizado.

Conhecimento do ambiente e das tendências

Qualquer negócio em que trabalhemos hoje sofre pressões externas, seja da política, da economia, de eventos internacionais. Muita gente pensa, erroneamente, que estar ligado a esses aspectos é uma tarefa reservada apenas aos planejadores "da cúpula".

Todos os funcionários, seja qual for o nível em que trabalhem ou o tamanho do negócio, devem estar "ligados" naquilo que afeta e afetará esse negócio. Significa ter o hábito de praticamente todo dia olhar para o mundo externo e ficar de olho em todos esses indicadores. Acompanhar a política, o desdobramento da economia nacional e mundial, mudanças de comportamento de consumidores, novas leis aprovadas ou modificadas. Não faltam "janelas" para esse mundo: novidades impressas e virtuais, noticiários de rádio e televisão, *postings* em sites e redes importantes etc. O importante é estar "antenado"!

Com o achatamento das estruturas e os constantes cortes de custos a que somos obrigados a nos submeter para nos mantermos competitivos, muitas das funções que anos atrás eram desenvolvidas por posições de *staff* hoje passaram para as funções de linha. O exemplo mais típico é a função de planejamento. Anos atrás, a maioria dos grandes negócios podia pagar alguém "só para pensar" ou estabelecer planos. Alguém que ficasse analisando as tendências do mercado, concorrentes, política, economia etc. Hoje, além da responsabilidade cotidiana de produzir resultados, atender clientes, "apagar incêndios", ainda temos de ser muito sensíveis ao que se passa à nossa volta, detectando novas tendências, comportamento de concorrentes etc. A sobrevivência de grandes negócios pode depender disso.

Cultura geral

Em meu MBA, tive um professor de Comportamento Organizacional (professor Ritchie) que foi bastante polêmico. Gostava de lançar desafios para se quebrarem paradigmas. Lembro-me de uma frase sua que me marcou bastante: "Pobre do executivo cuja leitura de cabeceira é um livro de negócios".

Afirmação profunda... alguns anos se passaram até que eu a absorvesse plenamente. Parte da forma como agimos na condição de executivos vem daquilo que SOMOS e ACREDITAMOS, e não apenas daquilo que SABEMOS. Tudo isso faz parte do longo processo de nossa formação, que vem desde a nossa infância. Podemos ter muitas maneiras de resolver um mesmo problema, provenientes de processos de pensamento adquiridos de nossa vivência em diversas áreas. Assim como posso tirar ideias para os negócios advindas de estratégias de guerra, outros podem fazê-lo por meio da filosofia, da religião, da história etc. Uma coisa é certa: quanto mais fontes de aprendizado tivermos, mais rico será o arsenal de ideias para a nossa profissão, seja ela qual for. Por essa razão, defendo a ideia de que devemos investir tempo para alargarmos nossos horizontes como pessoas, desenvolvendo nossa cultura em áreas que nos agradam. Serão fontes inestimáveis de inspiração e inovação diante da necessidade constante de atualização.

Networking

Não quero "chover no molhado", mas uma das grandes alternativas de abrirmos os horizontes no mundo consiste simplesmente em falarmos com mais pessoas. A maioria de nós mantém contato com o mundo exterior limitada às necessidades do negócio para o qual trabalha. Às vezes, nem isso ocorre. Conheço vários executivos de Finanças, RH ou Marketing que dificilmente frequentam reuniões de suas respectivas associações, deixando, com esse comportamento, de trazer ricas experiências para o interior de sua companhia.

Há inúmeras fontes de contato que devemos constantemente alimentar. Além das associações de classe, você tem câmaras de comércio, seminários rápidos, encontros para discussões e trocas de experiência etc. É extremamente rica a simples troca de ideias ou o simples fato de "pensar alto" com alguém que esteja fora de sua realidade e ambiente atual.

Sempre pensei que, nesse assunto, a ordem de decisão é a seguinte: tenho necessidade de fechar um negócio ou desenvolver oportunidades (pessoais ou profissionais), logo, parto para o *networking*, direcionando meus contatos. Isso não é algo inválido, mas o oposto também é bastante válido: dedico tempo e invisto para construir *networking*. Quando chegarem as oportunidades, a "rede está formada". Estatisticamente, há no máximo cinco pessoas entre você e alguém com quem você quer conversar, até mesmo o presidente da República, o presidente dos Estados Unidos ou outra figura importante. Quanto mais contatos tiver, mais pessoas você conseguirá atingir na busca dos cinco de que você precisa para qualquer assunto.

Um importante alerta é que, mesmo com uma rede de contatos muito grande no LinkedIn ou no Facebook, isso não necessariamente garante que você tenha um bom networking. O relacionamento que perdura é aquele que realmente será útil para você um dia, é o desenvolvido face a face. Mesmo no mundo da maciça comunicação por meio das redes sociais, nada se iguala ao contato pessoal, olho no olho, na mágica que vem através do relacionamento humano.

Com o passar dos anos, você vai perceber que forma um verdadeiro patrimônio. Sempre que precisar contatar alguém, terá um amigo ou um conhecido para abrir as portas naquela direção.

Desenvolva seu *networking*! Conheça mais pessoas! Desfrute da maravilhosa experiência de simplesmente conhecer uma pessoa interessante, que pensa diferente de você. Saia do casulo!

Internet e globalização

Ao ler o livro *O mundo é plano*, de Thomas L. Friedman, tomei consciência da grande revolução que a internet causou no mundo e da verdadeira metamorfose que ocorreu, sem que tivéssemos percebido claramente. Há muitos aspectos que presenciamos a olhos vistos, sem precisar de nenhum livro para entender. No entanto, quando essas situações são quantificadas, mostram-se realmente assustadoras.

Nas últimas duas décadas, vários movimentos levaram aos fatos que estamos vivenciando hoje. Em primeiro lugar, a popularização do computador, permitindo a cada lar de classe média do mundo possuir um, revolucionando a maneira como trabalhamos e nos comunicamos. Em seguida vieram os smartphones, possibilitando realizar quase tudo o que fazíamos no computador, mas agora em um aparelho que carregamos na palma da mão. Com o passar dos anos, além da disponibilidade do hardware, testemunhamos uma revolução de software e de aplicativos de todo tipo. Além disso, vimos a comunicação em banda larga da internet explodir no mundo inteiro, graças a uma malha mundial de fibras ópticas. Com essa revolução tecnológica e de comunicação, fatos políticos mundiais mudaram o cenário global. Friedman nos disse:

> "Em números, o que aconteceu foi o seguinte: de acordo com uma pesquisa do economista da Universidade Harvard, Richard B. Freeman, realizada em novembro de 2004, em 1985 o 'mundo econômico global' compreendia a América do Norte, a Europa Ocidental e o Japão mais pedaços da América Latina, África e os países do Leste Asiático. A população total deste universo econômico que participava do comércio internacional, segundo Freeman, era de cerca de 2,5 bilhões de pessoas. Em 2000, em decorrência do colapso do comunismo no Império Soviético, do abandono da autocracia pela Índia, da transição chinesa para o capitalismo e do crescimento populacional generalizado, o mundo global expandiu-se, passando a abarcar 6 bilhões de indivíduos."[3]

Isso quer dizer que ganhamos milhões de concorrentes em todo o mundo, os quais passaram a se comunicar a uma velocidade nunca vista. Os empregos deixaram de ter nacionalidade, pois, com o domínio da língua inglesa, potentes ferramentas de processamento e transmissão de dados, serviços podem ser prestados para outras partes do globo sem que os indivíduos precisem sair de casa ou de seus países de origem.

Como consequência, nos deparamos com o problema de vários setores da economia brasileira que perderam competitividade para a China, assim como está acontecendo com muitos outros países. Hoje, técnicos chineses, indianos, russos e de outros países competem em nosso país, oferecendo serviços virtuais a custos mais baixos e com uma mão de obra altamente especializada. Esses países têm investido pesadamente em educação e hordas de jovens muito bem-preparados estão saindo de suas universidades. Podemos criar barreiras alfandegárias, mas o conhecimento que chega pela internet nunca poderá ser detido. E esta é a grande ameaça para aqueles que estão acomodados.

Mais recentemente, Philip Kotler, o mago global de marketing, escreveu o seguinte com os seus colaboradores:

---

3 FRIEDMAN, Thomas L. O *mundo é plano*. Uma breve história do século XXI. Rio de Janeiro: Objetiva, 2007.

> A competitividade das empresas não será mais determinada por seu tamanho, seu país de origem ou sua vantagem passada. Empresas menores, mais jovens e localmente estabelecidas terão chances de competir com empresas maiores, mais antigas e globais... O fluxo de inovação, que antes era vertical (das companhias para o mercado) tornou-se horizontal. No passado as empresas acreditavam que a inovação deveria vir de dentro. Assim, desenvolviam uma infraestrutura robusta de pesquisa e desenvolvimento. Com o tempo, perceberam que a taxa de inovação interna nunca era veloz o bastante para torná-las competitivas num mercado em constante mudança.[4]

O conhecimento hoje está totalmente pulverizado e mesmo o desempenho de uma pessoa dentro de uma companhia dependerá em grande parte daquilo que ela possa absorver das rápidas mudanças no mundo e aplicá-las no seu trabalho ou função.

Estarmos atentos ao que se passa nesse movimento global é de suma importância. Em muitos poucos anos, as regras de condução de negócios sofrerão reviravoltas fantásticas. Enquanto não existir um movimento sério por parte do governo para fornecer à população conhecimento técnico voltado às novas regras globais, caberá a cada um de nós o ônus da preparação individual para essa nova arena global. Os jovens devem preparar-se com a língua inglesa, conhecimento profundo de TI, das ferramentas de busca e de muitos outros recursos disponíveis na internet. Para eles, isso já acontece quase naturalmente. Aqueles com mais idade, contudo, devem perceber as mudanças estruturais que esse movimento está trazendo para os negócios de todas as partes do mundo e pular no bonde antes que, com muita facilidade, fiquem para trás.

Tudo depende de você...

Pude observar vários amigos e colegas no decorrer de minha carreira. Tive amigos que ingressaram e se formaram em universidades de primeira linha

---

[4] KOTLER, P.; KARTAJAYA, H. & SETIAWAN, I. *Marketing 4.0*: Do tradicional ao digital. Rio de Janeiro: Sextante, 2017.

de suas áreas. Alguns deles foram muito bem-sucedidos, porém é grande o número daqueles que tiveram uma carreira mediana, e, em alguns casos, pífia. Tive outros amigos que se formaram em universidades secundárias e até mesmo desconhecidas. Novamente, muitos tiveram uma carreira sem projeção, enquanto outros tiveram bastante sucesso, no Brasil e internacionalmente. Há aqueles que precisaram de um MBA para alavancar a carreira. Outros, apenas com a faculdade, alçaram voos a uma elevada altura.

Sou o primeiro a advogar a necessidade da contínua educação formal, porém, em última instância, tudo depende do que você faz com as informações e a formação que recebe. Cada caso é um caso, e o sucesso não depende do diploma que você tem, mas da forma como você usa todas as variáveis para construir uma carreira (várias delas estão neste livro) e... da maneira como se atualiza.

Já ficaram para trás os anos em que quadros com diplomas falavam a respeito da capacidade profissional. Hoje, aquilo é apenas uma foto de um momento no tempo. Atualmente, sua capacidade é demonstrada por aquilo que você faz e pela maneira como se atualiza, seja lá qual for o instrumento que utilize para fazê-lo.

"Dormir" enquanto o "bonde passa" é um dos maiores riscos de nossas carreiras. Não pensem que sou "diplomado" no assunto. Ao escrever estas palavras, pude renovar minha atenção a esse assunto e corrigir áreas que necessitavam de mais atenção. Nunca podemos parar, pois parar significa morrer profissionalmente. Aconteceu com grandes gênios... aconteceu com Napoleão... portanto, atualize-se. A "concorrência" pode deixá-lo para trás não porque ela seja mais rápida do que você, mas simplesmente porque você parou no tempo!

PARTE II

As Competências para Construir seu Time

Os U-boats – submarinos alemães – causaram grandes perdas aos Aliados nos três primeiros anos da Segunda Guerra Mundial. As tripulações viviam nas mais adversas condições e com muitos riscos. O espírito de equipe, no entanto, era inquebrantável. Se tivermos algo parecido na equipe à qual pertencemos, nenhum objetivo será impossível.

4 Trabalho em equipe: A chave das grandes vitórias

Você pode ser o melhor jogador do mundo e,
ainda assim, perder toda partida que jogar,
pois um time será sempre capaz de vencer um indivíduo.

BILL WALTON

Estamos na época da organização matricial. Aliás, essa febre já toma conta do mundo corporativo há pelo menos dez anos. Além disso, as ondas de terceirização assolam todas as companhias. Serviços que antes eram parte da estrutura de uma companhia hoje são terceirizados, tais como limpeza, alimentação, logística e até mesmo manufatura, entre outros exemplos. Se já é complexo o fato de pessoas de uma mesma companhia trabalharem juntas, a complexidade aumenta quando pessoas de companhias diferentes precisam trabalhar juntas com um mesmo propósito.

Lembro-me de uma experiência, num dos times de soluções de engenharia que trabalhavam para um importante cliente. Nosso time sempre trabalhou bem "azeitado" e nunca tivemos problemas diante de clientes. Num projeto de grande importância em que estávamos implantando uma nova tecnologia, levamos para a reunião com o cliente um engenheiro de uma companhia subcontratada para se incumbir de uma pequena parte do projeto. Quando surgiu uma dúvida importante, o cliente olhou direto para o nosso pobre engenheiro terceirizado e perguntou: "E aí, qual a solução?". O indivíduo, dando de ombros, respondeu com toda a simplicidade: "Não sei, sou apenas um subcontratado". O cliente "explodiu" diante da percepção da falta de preparo e do fato de que, eventualmente, estivéssemos terceirizando uma parte crucial do projeto, o que não era a realidade.

Falhamos em montar um time azeitado com os "internos" e os "externos" (funcionários e terceirizados), embora a qualidade do trabalho fosse a melhor do mercado. Um exemplo muito prático das dificuldades de se montar equipes de trabalho "multicompanhias" bem sincronizadas.

Além dessa complexidade organizacional, equipes multifuncionais de uma mesma companhia têm de trabalhar juntas em torno de um propósito único, seja lançando um produto, seja servindo ao cliente num processo horizontal, desde a entrada do pedido até o recebimento do dinheiro. Indivíduos, homens e mulheres, de diferentes formações, opiniões, experiências, têm de se juntar em torno de um propósito único e, acima de tudo, *têm de ser melhores do que o time do concorrente, que está fazendo a mesma coisa.*

Milhares de reais, dólares e outras moedas são gastos em caríssimos programas de treinamento, retiros, acampamentos, consultorias e todos os outros modismos, a fim de se fortalecer um time e fazê-lo trabalhar na direção correta. Por outro lado, nas últimas décadas, as faculdades e os programas de MBA em todo o mundo fortalecem os *skills* técnicos quantitativos em administração e negócios, sendo que só recentemente houve uma preocupação acadêmica muito mais intensa com a formação de habilidades de relacionamento interpessoal (palavra bonita, não é?). Estas, simplesmente, se resumem ao esforço de se fazer com que duas ou mais pessoas trabalhem juntas em uma mesma direção, seja no relacionamento chefia/subordinados, ou entre pares.

Há relativamente pouco tempo o termo "inteligência emocional" passou a fazer parte do jargão corporativo, mostrando um novo conjunto de habilidades necessárias para a convivência corporativa, além daquelas meramente técnicas.

A explosão de startups e de indivíduos que querem montar o próprio negócio foram marcantes na segunda década do século XXI. Em um ambiente de poucas pessoas, voltadas para a criação de valor altamente tecnológico na maioria das vezes, vemos também a tendência de subvalorizar a competência de se trabalhar em time. A total coesão e alinhamento (apesar das diferenças individuais) são imprescindíveis no potencial de criação e inovação, com o objetivo de trazer novas ideias e propostas disruptivas. Da mesma forma, ao se iniciar um novo negócio, tem-se a ilusão de que, com uma iniciativa inovadora e um bom mercado, o sucesso está garantido. Os problemas surgem, então, quando um grupo de pessoas precisa trabalhar junto, em uma só direção e em busca de um objetivo.

O que parecia ser o ponto mais fácil, acaba sendo a maior barreira na busca de bons resultados.

A agulha no palheiro

Ao mesmo tempo, os *headhunters*, recrutadores e chefes buscam todas as pistas e dicas possíveis em um candidato a uma nova vaga, a fim de descobrirem se ele ou ela será uma pessoa que saberá se relacionar bem com o time, com o chefe e os pares. Parece até que a Terra inteira está habitada por pessoas cujo laboratório familiar durante a infância e a juventude só serviu para formar pessoas agressivas, e os melhores talentos de recrutamento estão em busca das exceções desse universo.

Há várias qualidades mencionadas neste livro que podem ser aprimoradas com a prática. A capacidade de relacionamento, em minha opinião, é o maior desafio da administração moderna. Milhões de pessoas se iludem, formando compartimentos separados entre família e trabalho, tentando provar que o crescente número de divórcios e famílias desfeitas nada tem a ver com as habilidades necessárias para se integrar um bom time de trabalho no escritório ou na fábrica e ter sucesso no segundo, enquanto o primeiro compartimento desaba. Assim como no casamento ou nos relacionamentos, o trabalho em equipe precisa de uma boa dose de equilíbrio, de dar e receber, de saber ouvir, respeitar, de praticar uma alta dose de empatia e pensar no grupo como uma unidade. Apenas quando todos remam na mesma direção é que todos têm sucesso. Uma afirmativa tão banal, evidente e, ao mesmo tempo, tão difícil de ser colocada em prática.

Outro aspecto é que, em nossa vida profissional, parece que temos a opção de gostar ou não de uma pessoa. De trabalhar ou não com ela. Nossa vida não sofre ameaça alguma se não soubermos trabalhar com um companheiro de equipe (pelo menos, pensamos que não há ameaça). Fico pensando qual seria o nosso sucesso se o único objetivo se resumisse a ter sucesso no mercado, focar nos concorrentes e vencê-los, deixando de lado todo e qualquer problema de relacionamento interpessoal. Impossível? Penso que não. Vejamos o que acontece quando nossa vida é REALMENTE ameaçada pela falta de trabalho em equipe.

Os U-Boats alemães

Antes e durante a Segunda Guerra Mundial, os submarinos alemães eram denominados por números, sendo que o primeiro a ser utilizado nesse conflito foi o U-26, chegando até o U-756, embora os novos submarinos não fossem necessariamente numerados em sequência. Durante os três primeiros anos da guerra, 275 embarcações foram designadas para missões, sendo que 94 foram perdidas, 10 recolhidas, com 4.230 homens perdidos em combate e 1.365 capturados pelo inimigo como prisioneiros.

Uma categoria mais comum de submarino, que pode ser usada como exemplo, é o Tipo VII, de 500 toneladas. Para um entendimento melhor de como uma unidade dessas funcionava, vamos usar como exemplo o U-30, um dos dez submarinos dessa categoria, comandado por um jovem tenente de 26 anos, Fritz-Julius Lemp. O U-30 media 66 metros de comprimento e tinha um diâmetro de cerca de 6 metros. Em seu formato, parecido com o de um charuto, havia seis compartimentos de tamanhos semelhantes. Todo o seu interior era bastante compacto – um pesadelo para claustrofóbicos.

A parte frontal continha toda a bateria de fogo do U-30: quatro tubos de torpedos, o armamento padrão de todos os U-Boats em missão ou em construção naquela época. O U-30 carregava trinta torpedos nesse espaço, quatro nos tubos e seis para recarga – armazenados em suportes de couro suspensos. O compartimento servia de dormitório para o torpedeiro chefe, os cerca de 24 marinheiros das patentes mais baixas e também para os mecânicos. Compartilhavam 12 beliches dobráveis (eram fechados contra a parede quando não usados, para economia de espaço). Comiam em pequenas mesas, também dobráveis, sentados nas camas de baixo, quando abertas. O espaço era tão densamente ocupado pelos torpedos que os homens mal podiam manter-se eretos e movimentar-se pelo ambiente. Alguns tripulantes chamavam esse compartimento de "a caverna", enquanto outros o chamavam de "a toca da cobra". A grande vantagem é que não havia tráfego naquela área.

Cada rotina de manutenção de torpedos interrompia a rotina das camas e das mesas, pois estas tinham de ser dobradas para dar acesso aos torpedos. Os tripulantes de lá ansiavam por ação, pois, ao disparo de cada torpedo, aumentava substancialmente o espaço de convivência.

Outro dos compartimentos estava reservado para nove homens: o capitão, três oficiais superiores e outros oficiais de menor patente. O capitão possuía uma cama também dobrável, porém com uma cortina à volta e com o rádio no compartimento diretamente à sua frente. Lá, os oficiais também comiam em uma mesa dobrável, utilizando seus próprios beliches como assento, com a única diferença de que seus armários pessoais tinham um pequeno toque de elegância: as portas possuíam um revestimento externo de madeira.

O compartimento traseiro era composto da sala de controle, muito parecida com a de um navio de superfície. Com cerca de seis metros de comprimento, estava lotada com a maquinaria para a operação do submarino. Para o leigo, era uma imensidão de válvulas, encanamentos, registros e controles. Para o operador, era algo tão familiar quanto a cabine de um avião é para um piloto.

As instalações sanitárias do U-30 eram bastante precárias. O compartimento era do tamanho de uma cabine telefônica: uma localizada na área dos oficiais, outra perto do compartimento dos torpedos. Com a limitação de espaço para a guarda de alimentos, aquele compartimento era usado também para esse fim. Como o uso de água era bastante limitado, os banhos eram proibidos e encorajava-se a adoção de barba pelos homens. O odor dos corpos era mascarado pelo perfume das loções.

A tripulação também não tinha roupas extras e as que usavam ficavam sujas rapidamente. O cabelo e as barbas sofriam com a mistura de óleo e graxa. O barco exalava um forte odor de óleo diesel, que se misturava ao cheiro da comida e das enjoativas loções. Frequentemente, havia uma fila – e, muitas vezes, uma longa fila – para o uso do banheiro, o qual, por si só, exalava um forte odor. Exceto quando submergia, o barco balançava e sacudia fortemente. Muito raramente, alguém conseguia andar sem se segurar no corrimão.[1]

---

[1] BLAIR, Clay. *Hitler's U-Boat War:* The Hunted, 1942-1945. Nova York: Random House, 1998.

... E quais os resultados?

Em meio a uma vida de tantas privações, poderia imaginar-se que aqueles designados para servir em um submarino desse tipo o encaravam como um grande sacrifício, chegando a fugir dessa espécie de ambiente. Muito pelo contrário. Na primeira parte da guerra, os submarinos tornaram-se a grande lenda da marinha alemã, com notícias de afundamentos de navios de todos os tipos dos Aliados, o que fazia vibrar toda a população. Até o mês de agosto de 1942, os submarinos alemães (ajudados pelos italianos) afundaram 1.904 embarcações, representando quase 10 milhões de toneladas levadas para o fundo do mar. Esse período da guerra foi o mais difícil para os Aliados no Mar do Norte, pois ainda não havia armas nem recursos que pudessem fazer frente a essa ação mortífera dos U-Boats, algo que começou a acontecer apenas na segunda metade da guerra.

Outro ponto importante é o sincronismo com que trabalhavam frente ao perigo. Já em sua navegação normal, cada tripulante tinha a sua responsabilidade. Quando se viam na iminência de um ataque, durante a preparação e em sua execução, cada tripulante sabia exatamente o que fazer e as palavras de comando eram obedecidas rigorosamente. Cada um usava seu talento individual da melhor maneira possível, visando ao bem de toda a tripulação. Parece incrível que homens vivendo em condições quase subumanas, por semanas a fio, nas profundezas do mar, pudessem ser capazes de produzir um impacto tão grande no curso da guerra.

Ao examinar uma experiência desse tipo e trazê-la para os dias atuais, penso que podemos tirar algumas conclusões:

- Quando o perigo externo não é tão forte, nossa individualidade fica muito mais proeminente, em vez de valer realmente o trabalho da equipe. Na guerra, isso é fácil de perceber, pois não é difícil identificar o ataque do inimigo. Numa companhia, não vemos o ataque do inimigo (do concorrente, lá fora no mercado) com tanta clareza, e o trabalho de equipe se esvai na fogueira das vaidades. Num submarino, isso seria mortal.
- Ainda ligado ao assunto acima, cada montante de energia despendido com um "inimigo interno" (se é que pode existir algo assim) é energia desperdiçada que deveria estar sendo gasta com o "inimigo

externo" – o concorrente. Fico pensando o que seria de um submarino se, na hora de disparar um torpedo contra o barco inimigo, um tripulante resolvesse culpar o "inimigo interno" por ter falhado em acertar o alvo. Ou até mesmo ficar dizendo coisas do tipo "Não vou com a cara dele". Seria a condenação do submarino. Às vezes, condenamos uma companhia pela mesma razão.

- Quando o objetivo é claro, e o indivíduo sente que faz uma grande diferença nos resultados, as condições de trabalho são até secundárias. O orgulho pelo time ao qual se pertence e o sucesso dos resultados suplantam qualquer desconforto. Manter o emprego (ou a vida, numa guerra) é o mais importante.
- Se o time não trabalhar tendo como principal objetivo o sucesso do grupo, vai falhar. O sucesso vem da soma dos talentos individuais para o bem do grupo. Cada vez que alguém tenta fazer de um comitê ou de uma *task-force* o trampolim para uma melhor posição em sua carreira, já terá comprometido o objetivo do grupo.
- Finalmente, o mais evidente e simples, porém nem sempre claramente reconhecido: os membros da equipe precisam ter a clara consciência de que pertencem à mesma equipe. Num submarino, isso é óbvio, porém, em uma corporação, nem sempre isso fica claro.

As trincheiras do avanço aliado na Europa

A palavra "trincheira", em português, traduz duas expressões em inglês usadas em momentos diferentes e em guerras diferentes. Na Primeira Guerra Mundial, a palavra *trenches* foi traduzida para o português como trincheira. Nesse caso, o termo designava as grandes "linhas de frente", nas quais os soldados marcavam o ponto máximo que conseguiam atingir frente ao inimigo. Tinham cerca de dois metros de profundidade e podiam ter de centenas de metros a muitos quilômetros de extensão. A cada ataque, os soldados deixavam as trincheiras em formação e tentavam avançar mais algumas centenas de metros do território inimigo. Caso não conseguissem (como acontecia na maioria das vezes), voltavam para a sua "casa" – a trincheira original.

No conflito de 1914-1918, era possível caminhar da fronteira da Suíça até o Canal da Mancha sem jamais deixar que a cabeça se mostrasse acima do nível do solo. Suas laterais eram forradas com toras de madeira. Trincheiras em ziguezague se estendiam da linha de frente até bem fundo na retaguarda, o que permitia que alimentos, munição e mensagens pudessem ser levados adiante sem que os soldados se expusessem.[2]

A Segunda Guerra Mundial veio trazer uma guerra muito mais ágil e rápida, com avanços menos demorados. As trincheiras originais tornaram-se obsoletas. Não havia mais tempo. Desenvolveu-se, contudo, algo que, em português, continuou a chamar-se trincheira, mas que, em inglês, recebeu o nome de *foxhole*, ou "toca da raposa". Isso foi bastante utilizado pelos americanos nos ataques aliados na Europa, enquanto as tropas avançavam em direção à Alemanha depois do Dia D, no segundo semestre de 1944 e até o final da guerra, em 1945.

Quando a infantaria avançava e tinha de parar, ou em razão de fogo inimigo ou por precisar descansar, os soldados cavavam esse tipo de trincheira. Geralmente, elas abrigavam dois ou três soldados. Quando, repentinamente, havia ordem de ataque ou parada, o grupo de infantaria continuava a sua marcha no dia seguinte. Mas, muitas vezes, a resistência adiante era muito pesada e aquele grupo de infantaria ficava dias a fio dentro da "toca da raposa". Geralmente, eram retangulares e possuíam cerca de 1,2 a 1,5 metro de profundidade e entre 60 a 90 centímetros de largura por 1,8 metro de comprimento. O inverno era um período extremamente difícil, pois partes do corpo congelavam, principalmente os pés, e os soldados contraíam um mal chamado "pé de trincheira". Primeiro, perdiam as unhas dos pés. Seus pés ficavam esbranquiçados e, por fim, enegrecidos. Um caso grave de pé de trincheira tornava impossível a caminhada. Muitos homens perderam os dedos e alguns tiveram os pés amputados. Durante o inverno de 1944-1945, cerca de 45 mil homens tiveram de ser removidos da frente de batalha em razão desse mal.[3]

Por outro lado, esse período que eles passavam juntos fazia com que desenvolvessem relacionamentos de amizade que perduravam por toda a vida. Stephen E. Ambrose, em seu livro *Soldados cidadãos*, descreve esse relacionamento:

---

2 AMBROSE, Stephen. *Soldados cidadãos*. Rio de Janeiro: Bertrand Brasil, 2001.

3 Idem, *op. cit.*, p. 302.

> "Os colegas de trincheira desenvolviam entre si uma união desconhecida por todos os demais combatentes. Essa união era mais forte mesmo do que a que pode existir entre amigos, entre irmãos. Sua amizade era diferente da que une os amantes. Sua confiança no companheiro e seu conhecimento dele eram totais. Eles chegavam a conhecer as vidas uns dos outros, o que faziam antes de entrar para o Exército, como eram seus pais, irmãos e irmãs, professores, o que gostavam de comer e de beber, e quais eram as suas aptidões. Havia casos em que um odiava o outro; mas, na maioria deles, amavam uns aos outros de um modo conhecido apenas pelos combatentes veteranos. Sem pensar nisso, dividiam seu último naco de comida ou seu último gole de água ou um cobertor – e morriam um pelo outro."[4]

Novamente, situações muito semelhantes às dos U-Boats alemães: camaradagem e trabalho de equipe desenvolvidos em razão da existência de um inimigo mortal comum, da necessidade de vencê-lo em primeiro lugar, acrescida de um forte instinto de preservação – instinto que aproximava as pessoas, ao invés de afastá-las (será que o mesmo ocorre em nossas companhias?).

Trabalho em equipe é, na realidade, um estilo de operação e de liderança. Guardo lições-chave de todos os chefes que tive. Em uma das companhias onde trabalhei, tive por líder (melhor do que a palavra "chefe") o responsável pelas operações para a América Latina daquela companhia. A "pregação" de seu estilo de liderança consistia num processo de decisões que devia seguir sempre uma ordem bem definida:

- Em qualquer tipo de ações e decisões, ponha sempre em primeiro lugar os interesses do CLIENTE. Afinal de contas, se este não estiver plenamente satisfeito, nenhum dos outros interesses abaixo poderão ser atendidos no longo prazo.
- Em segundo lugar, trabalhe por seus COLEGAS (seus pares). Dessa forma você estará sempre fortalecendo o time gerencial ou a sua equipe. Esse é um dos maiores desafios em grandes companhias que

---

[4] Idem, *op. cit.*, p. 309.

têm áreas funcionais "encasteladas" em reinos separados, comandados por seus "senhores feudais". Os interesses sempre os levam a se preocupar com aqueles que estão acima e abaixo na hierarquia, ignorando os pares.
- Em terceiro lugar, trabalhe por SUA EQUIPE, o time que você comanda. Não seja apenas o gerente. Seja um líder e uma alavanca de suas carreiras e tenha genuíno interesse pelo crescimento de cada um (veremos mais sobre isso no Capítulo 10).
- Finalmente, em último lugar, trabalhe por VOCÊ, sua carreira e seu futuro profissional.

O tempo e a experiência têm demonstrado que, se os três primeiros aspectos forem muito bem trabalhados, o quarto virá automaticamente. É lógico que você já percebeu que, para ter sucesso no segundo e no terceiro itens, precisa desenvolver sua capacidade de trabalhar em equipe. Por outro lado, a tendência é sempre começar pelo último e é aí que os mercenários entram em conflito, cada um buscando seu lugar ao sol, mas a forma como conseguem isso é tentando empurrar os outros para a sombra. Eles podem até ter sucesso momentaneamente. Todavia, hoje, mais do que nunca, qualquer empresa depende da total interdependência de todos os seus funcionários.

Já tive oportunidade de trabalhar em times tão harmoniosos que o que conquistamos juntos fez mais por minha carreira que qualquer outra coisa. Tínhamos a força concentrada de um raio laser; todos focados no mesmo propósito e nos resultados, e preocupados com que TODO o time vencesse, e não apenas alguns integrantes.

Você nunca trabalha só...

Muitos acham que conseguem ter uma agenda própria para subir a escada corporativa e que ninguém perceberá isso. Posso garantir que estão enganados. Poderão disfarçar por algum tempo, mas a falta genuína de capacidade e de boa vontade de se trabalhar em equipe ficará logo evidenciada. Os times que se entrosam e nos quais os interesses do grupo se mostram acima dos interesses individuais alcançam resultados fantásticos.

Como mencionei antes, vale a pena uma autoanálise em seu todo como pessoa: Como me relaciono em família? E com os amigos? Nos esportes?

Socialmente? Seu comportamento profissional será uma extensão de tudo isso. Seus problemas no trabalho (se você os tiver) poderão ter uma raiz muito mais profunda do que você mesmo imagina.

Independentemente de como você começará a consertar isso (e esse próximo passo foge ao escopo deste livro), saiba que não será possível sobreviver no mundo corporativo sem essa habilidade. Você poderá até sobreviver sem algumas habilidades funcionais ou técnicas até que venha a adquiri-las, mas o oposto não acontecerá.

Ao mesmo tempo, como gestor, se você tiver a capacidade de movimentar equipes numa mesma direção e em harmonia, isso representará um grande ativo. Dizem que os atritos constroem uma equipe forte, mas há um limite para tudo. Chega o momento em que, uma vez resolvidas as arestas, o time tem de andar com muita velocidade numa mesma direção. Arestas trazem diversidade de opiniões e contribuições, mas o excesso impede a velocidade, e, num mundo globalizado, a velocidade é tudo.

Portanto, desenvolva habilidades do século XXI: trabalhar em equipe e também ser um chefe que consiga fazer com que as pessoas trabalhem em equipe. Crie os seus U-Boats e as suas trincheiras!

O sucesso da invasão da Normandia no Dia D deveu-se à liderança dos oficiais da linha de frente, quando grande parte do planejamento da invasão havia falhado. Nas situações de maior pressão é que temos a oportunidade de desenvolver essa grande habilidade: manter a equipe focada nos objetivos, mesmo quando tudo sai errado.

5 Liderança: O talento decisivo

Um povo só é conduzido quando lhe mostram o futuro: um chefe é um mercador de esperanças.

NAPOLEÃO BONAPARTE

Há séculos, este tema – liderança – vem sendo explorado pelos mais diversos autores, enfocando o ambiente militar, político e de negócios. Seria muita pretensão de minha parte achar que poderia adicionar mais conceitos sobre tudo o que já foi desenvolvido. Gostaria apenas de tecer alguns comentários e comparações sobre esse aspecto no ambiente militar e traçar alguns paralelos com as situações que enfrentamos no dia a dia.

Nos pelo menos vinte anos do pós-guerra, toda a leitura acadêmica expressa a crença de que os modelos de organização refletiam duas grandes organizações: a Igreja e o Exército. Hoje, ao se olhar para o passado, vê-se negativamente esse aspecto, pois, geralmente, a comparação é feita no tocante aos muitos níveis hierárquicos e à burocracia dessas organizações. O tempo deixou de mencionar muitas lições e práticas importantes que podemos trazer para as nossas práticas de hoje e que, na realidade, são praticadas sem que as notemos.

De volta ao "Dia D"...

No capítulo referente a decisões, descrevi a envergadura dessa invasão durante a Segunda Guerra Mundial, com todos os recursos materiais e humanos envolvidos. Não voltarei a abordar esses detalhes; apenas comentarei um pouco a respeito de como foi o desembarque em si e a busca dos objetivos imediatos.

Ao longo do dia 6 de junho de 1944, o desembarque ocorreu em cinco praias da Normandia, que, para efeitos de identificação dos Aliados, levavam o nome de Utah, Omaha, Juno, Sword e Gold. Cada uma delas teve níveis diferentes de dificuldades – a que causou mais baixas, contudo, foi a praia de Omaha. O desembarque nessa praia foi retratado no filme *O Resgate do Soldado Ryan*. Alguns veteranos da invasão que assistiram a esse longa-metragem consideraram, de forma unânime, a versão mais próxima da realidade que viveram.

A praia Omaha tinha um penhasco fortemente guarnecido por fortalezas e *bunkers* alemães que deixavam as embarcações que se aproximavam totalmente expostas a um pesado fogo inimigo. Muitos não tiveram a oportunidade de nem mesmo desembarcar, enquanto centenas de outros morreram nos primeiros cinquenta metros da praia.

"A praia Omaha", escreveu o general Bradley, três décadas depois do Dia D, "foi um pesadelo. Mesmo agora vale a pena recordar o que aconteceu ali no dia 6 de junho de 1944. Voltei muitas vezes para reverenciar os valentes que morreram naquela praia. Eles nunca deveriam ser esquecidos, tampouco aqueles que se salvaram por pouco. Todo homem que pôs o pé na praia Omaha naquele dia foi um herói."[1]

Naquele dia, muitos eventos não deram certo. Devido ao mau tempo, os aviões de bombardeio pesado (Fortalezas Voadoras) não deram o apoio necessário nas praias de desembarque. As bombas caíram a centenas de metros, e até quilômetros, da praia, nem de longe atingindo as fortalezas de praia alemãs. À medida que as embarcações chegavam à praia, o fogo de apoio dos navios também parava, para evitar atingir os próprios compatriotas. O mau tempo foi um obstáculo para se chegar às praias corretas e

---

[1] AMBROSE, Stephen. *O Dia D: 6 de junho de 1944*. Rio de Janeiro: Civilização Brasileira, 1997. p. 529.

planejadas, além do mar revolto, que dificultou muito o desembarque. As unidades chegavam muito longe de seus alvos.

A resistência inimiga na praia de Omaha foi muito superior à esperada. Mesmo o relevo altamente desfavorável não foi precisamente previsto, em razão dos recursos de reconhecimento ainda incipientes e imprecisos naqueles anos. Em meio ao caos do desembarque, pode-se dizer que, em 90% dos casos, os planos foram totalmente invalidados pelas circunstâncias não previstas. Deixou de haver um comando central que pudesse coordenar tudo novamente e colocar ordem no ataque. A resistência do inimigo era tão furiosa que isso era impossível.

Grande parte do sucesso das operações deveu-se ao alto grau de iniciativa dos oficiais de patentes mais baixas, os quais conseguiram direcionar as tropas para os objetivos, com ações improvisadas e totalmente diferentes dos planos originais.

O sargento John Ellery, do 16º Regimento, foi um desses líderes. Anos mais tarde, ele relatou:

> "[...] Não vi nenhum general na minha área da praia, mas vi um capitão e dois tenentes que demonstraram uma coragem incrível quando lutavam para pôr ordem a um caos em torno deles. Aqueles oficiais conseguiram organizar alguns homens e fazê-los subir o penhasco. Quando você fala de liderança em combate, sob fogo, na praia da Normandia... não vejo como o crédito possa ir para qualquer outro que não os oficiais de nível da companhia e sargentos antigos que tomaram a iniciativa... Às vezes, esquecemos, creio eu, que você pode fabricar armas, e pode comprar munição, mas não pode comprar bravura e não pode tirar heróis da linha de montagem."[2]

Os soldados sabiam do objetivo, porém o mais importante é que os oficiais médios e baixos o conheciam muito bem, o que lhes possibilitou dirigir seus grupos e os grupos daqueles cujos oficiais morreram, de volta aos alvos e objetivos. Stephen Ambrose, autor do livro *O Dia D*, faz o seguinte comentário:

---

[2] Idem, *op. cit.*, pp. 436-437.

> "Nem mesmo o fogo mais intenso dos canhões pesa tanto no moral de um soldado quanto não saber o que fazer e não ter ninguém a seu lado para lhe dizer."

Tanto em uma hora de caos como em um ataque bem organizado, os objetivos devem ser claramente conhecidos. Pode-se dizer também que tanto soldados quanto oficiais haviam sido muito bem treinados quanto a seus objetivos.

Essa invasão também trouxe um fato curioso. Havia um grande número de veteranos que já tinha participado de outras campanhas da guerra. No entanto, entre os americanos, o número de novos recrutas era bastante elevado. Estes eram bem menos suscetíveis ao medo do que aqueles que já haviam enfrentado o fogo inimigo antes e sabiam o que os esperava.

Vinte anos mais tarde, em 1964, ao conceder uma entrevista à televisão na mesma praia de Omaha, o general Eisenhower, que fora o comandante supremo do desembarque, olhando para o canal, disse:

> "[...] Mas é uma coisa maravilhosa lembrar o motivo pelo qual aqueles indivíduos estavam lutando e se sacrificando, o que eles fizeram para preservar o nosso estilo de vida. Não para conquistar qualquer território, não por ambições pessoais. Mas para assegurar que Hitler não destruísse a liberdade do mundo. Penso que é simplesmente esmagador: pensar nas vidas que foram doadas por esse princípio, pagando um terrível preço, naquele dia, duas mil baixas. Mas eles fizeram isso para que o mundo pudesse ser livre. Isso mostra exatamente o que os homens livres farão para jamais ser escravos."[3]

Enquanto isso... do outro lado...

A essa altura, as forças alemãs tinham um cenário muito diferente. A surpresa era completa. A inteligência alemã achava que o desembarque seria

---

[3] Idem, *op. cit.*, p. 714.

em Calais. A confusão também era muito grande, pois, sem reconhecimento aéreo, viram ataques em muitas frentes além de paraquedistas inimigos saltando em muitos lugares diferentes.

Os soldados (à exceção daqueles, ainda em número razoável, que eram fanáticos pelo nazismo) já começavam a questionar o valor real daquela guerra, ao defender um solo (naquele momento, pelo menos) que nem era seu. Hitler tinha como prática mostrar-se extremamente centralizador (ao contrário do que fizeram Churchill e Roosevelt, quanto ao andamento das batalhas) e queria participar de cada decisão da frente de batalha, embora estivesse a muitos quilômetros de distância.

Os comandantes locais ficavam à espera de ordens de longe, além de não terem autonomia de ação. Registre-se que, como fato complicador, os dois generais que orquestravam toda a defesa tinham pontos de vista diferentes em relação à forma como deveriam organizá-la. Rommel pensava em conter o ataque na praia. Rundstedt queria contra-atacar no interior. Ambos estavam imobilizados tanto pela falta de resposta de Hitler, como, posteriormente, pelos seus palpites contraditórios. Por incrível que pareça, nenhuma decisão expressiva foi tomada até o meio-dia daquele dia, pois o "Führer" não podia ser acordado e esta foi a hora que despertou naquele 6 de junho. A invasão inimiga já estava bastante avançada...

Em razão dessas circunstâncias, os oficiais de grau médio e subalternos alemães tiveram um comportamento contrário ao dos Aliados: tinham medo de tomar iniciativas. Eles consentiam em ser paralisados por ordens estúpidas vindas de muito longe (vejam o Capítulo 6) que não tinham nenhuma relação com a frente de batalha. Os comandantes de blindados que sabiam onde estava o inimigo, e como e quando ele deveria ser atacado, ficavam sentados em seus quartéis-generais durante o dia inteiro esperando que o alto comando, em Berchtesgaden, lhes dissesse o que fazer.[4]

Além dos recursos utilizados pelos dois lados nesse evento histórico, podemos dizer que o desfecho foi altamente influenciado pelo estilo de liderança dos Aliados e dos alemães.

---

[4] Idem, *op. cit.*, p. 709.

O "Dia D" como o seu negócio?

Estamos sempre procurando as mais modernas tendências de liderança para que estejamos dentro das "ondas" e dos "modismos". Afinal de contas, é bonito falar em *empowerment*, visão, motivação, engajamento e, quando temos sucesso, dizemos que seguimos a "moderna administração". No entanto, que *princípios* de liderança aprendemos do Dia D se compararmos os soldados aos funcionários e os oficiais aos gerentes?

Podemos dizer que, no "ardor da batalha", muitas vezes o concorrente se mostra muito mais agressivo do que esperávamos. O "clima" econômico muda totalmente, provocando surpresas e desfazendo planos que estavam tão claramente delineados (o uso e efeito das Fortalezas Voadoras). Sejam quais forem as circunstâncias, precisamos ter a gerência média muito bem treinada e os objetivos da companhia claramente estabelecidos. A forma de responder a um concorrente agressivo pode ser diferente da planejada, mas é imprescindível ter a direção claramente definida; todos têm um norte a seguir. De maneira geral, os funcionários também têm este direito: conhecer os objetivos para não deixarmos que "o moral se abata" em razão do desconhecimento.

Ainda encontramos muitos "tabus" e paradigmas advindos de líderes empresariais que deixam essas informações para o "alto comando" e acham que os funcionários devem apenas "obedecer às ordens" sem saber para onde estão indo. Tornam-se autômatos, sem decisão, sem iniciativa. Com esse conhecimento, deve vir o talento da delegação, a fim de que a pessoa que esteja "na linha de frente", ao sentir a temperatura do cliente e o "ardor do inimigo", possa tomar as decisões corretas. Afinal, cem cabeças pensantes são sempre melhores do que meia dúzia que pode se achar dona da verdade.

Ainda nos dias de hoje, o cartão de visita, quando acrescido de um título (supervisor, gerente, diretor), provoca um efeito interessante. Faz com que o título tape os ouvidos. A pessoa esquece de utilizá-los e usa a boca em excesso, para falar e exprimir o que lhe vem à cabeça. Saber ouvir a equipe é um dos grandes talentos negligenciados na moderna administração.

Finalmente, nas frentes de batalha, a coragem é despertada pelos princípios pelos quais se luta. Palavras como patriotismo, lar, liberdade e defesa de minha pátria podem surtir um efeito poderoso no comportamento dos soldados. Em qualquer atividade, as pessoas precisam ter uma causa, algo forte no que acreditar. Mesmo que uma companhia tenha o lucro como objetivo, ainda assim, o objetivo de trabalho pode transformar-se em algo muito mais profundo do que simplesmente otimizar o investimento dos acionistas. O dinheiro é importante e um grande motivador, porém boa parte da motivação deve vir "lá de dentro". É um sentimento de propósito, de realização. Os grandes profissionais que conheço não são mercenários que têm apenas o dinheiro como objetivo. Os valores da companhia começam a desempenhar um papel importante: a realização pessoal naquilo que se faz e se conquista. Acreditar em seu negócio e saber que agrega valor em muitos sentidos para a sociedade e o país. São elementos importantes colocados e alimentados por uma liderança que sabe realmente atingir todos os seus funcionários.

Finalmente, um aspecto de suma importância. O líder deve conquistar a confiança de seus liderados, ao contrário de exigi-la. A confiança é desenvolvida pelo comportamento ético em todas as frentes, pelo interesse genuíno do líder por sua equipe. O time sabe quando o líder quer usar a equipe como um trampolim ou quando está séria e verdadeiramente interessado no progresso e bem-estar dos subordinados.

Obedecer antes de comandar...

Novamente, grandes e poderosos "jargões" tomam conta de nosso dia a dia quando se fala em liderar e motivar pessoas. Afinal de contas, quanto mais motivada e engajada estiver uma equipe, melhores os resultados obtidos.

Colocamos tantos recursos e atenção na motivação que esquecemos um dos pontos mais básicos no relacionamento entre funcionários e acionistas ou donos: a obrigação real e moral que temos de fazer jus a nossos salários e prestar o melhor serviço possível em nossas tarefas. Parece que temos a capacidade de escolha moral de apenas trabalhar se estivermos motivados ou satisfeitos. Quando não estamos bem, temos o direito de embolsar o nosso salário, prestando, em troca, um serviço da mais baixa qualidade.

Esta é uma grande lição militar. Antes de comandar, o soldado deve ser um especialista em obedecer. Em nossas carreiras, seja qual for a posição que ocupamos, grande parte de nosso futuro é definido pela maneira como somos leais para com os nossos superiores, nossa companhia e nossas obrigações como funcionários. Desde o momento em que saímos da faculdade, ansiamos pelo título de "chefe", quando, então, estaremos prontos para "dar ordens" e "comandar uma equipe". Vemos a nós mesmos muito mais no papel de "oficiais" do que no papel de "bons soldados". Posso garantir que o DNA de liderança de qualquer indivíduo é medido e observado com cuidado quando ele está trabalhando em sua equipe, sem estar ocupando posições de liderança. O mesmo é observado em gerentes que buscam posições mais altas na organização.

Outra grande "tentação" é pensarmos que somos melhores do que nosso chefe naquilo que fazemos. Quantas vezes já não dissemos a nós mesmos: "Ahh... se fosse eu, as coisas seriam de outra forma..." ou "Se fosse a minha ideia, esta, sim, iria pra frente...". Com essas e outras atitudes, começamos a moldar o comportamento conhecido como "resistência passiva", ou seja, não sou claramente contra as ideias de meu chefe, mas, por outro lado, não faço nada para apoiá-lo... não tenho entusiasmo, não tenho engajamento, estou sempre pronto a criticá-lo (longe dele, é lógico...). Trazemos, então, para nós o direito de receber nosso salário, enquanto "minamos" o conceito de nosso chefe. A ética não entra em cena aqui... afinal de contas, isso é válido apenas para "os outros".

Patriotismo e autoestima

Ao longo dos séculos, são milhares os exemplos de soldados que foram heróis e que receberam grandes honrarias. Muitos deles receberam homenagens póstumas. Pode-se imaginar o sentimento do general Eisenhower ao conceder a entrevista nas praias da Normandia e falar sobre a herança deixada por aqueles dois mil homens que morreram na praia de Omaha. Havia um propósito... tão grande e forte que muitos deram a própria vida por ele. O grande câncer e mal da humanidade na imagem do nazismo estava muito claro para todos. Precisava ser destruído... eles fizeram parte desse esforço.

Sabe-se do dilema que líderes e soldados norte-americanos tiveram anos mais tarde na Guerra do Vietnã. Para muitos soldados, a razão de estarem lá não estava muito clara. Muitos não enxergavam o grande inimigo da humanidade. Milhares de ex-combatentes passaram uma geração inteira questionando-se sobre a utilidade dessa guerra, quando o seu país retirou-se dela da forma que o fez. As pessoas precisam de um propósito, um ideal.

Os exércitos de todos os países desenvolvem esse orgulho, essa tradição. Ela acaba tornando-se o mais forte motivador para um soldado ir à luta. Ele pertence a algo... faz parte... tem orgulho. Com isso, adquire o maior tesouro: sua autoestima. Não só a estima pelo país, pela bandeira, pela causa... tudo isso faz com que ele se orgulhe de si próprio e, com isso, torna-se inestimável para o seu exército... pronto para tudo.

Um dos grandes desafios de um líder reside na capacidade de desenvolver a autoestima de sua equipe. Temos a tendência de falar demais em confiar no líder, confiar na companhia, nos produtos, na posição de mercado. Às vezes, esquecemos de perguntar se ele tem uma forte autoestima por trabalhar para a nossa companhia, ou trabalhar para mim como um líder.

Certa vez, ao falar com um gerente sobre o seu passado, ele me disse: "Houve uma fase em minha vida profissional em que tive dúvidas sobre a minha própria capacidade. Sentia-me tão mal trabalhando na minha posição, sem reconhecimento, sem vitórias e com todos apontando os meus defeitos, que eu estava convencido de que não conseguiria outro emprego à altura". Quando conversei com esse gerente, ele continuava na mesma posição de outrora, só que com grande sucesso, aliás, era o gerente mais bem-sucedido naquilo que fazia. O que mudou? A maneira como a liderança do negócio o tratou fez mudar o seu conceito a respeito de si mesmo.

Esse "patriotismo" dentro de uma organização vem das mesmas fontes: senso de missão sobre o seu trabalho, visão da direção que você está seguindo, visão do seu futuro. Vem da valorização de seu trabalho para a companhia, para a comunidade, para o país. É ver-se um construtor de algo. Conseguir passar essa imagem – orgulho até –, às vezes intangível, de uma geração para outra, como um legado de esforço e contribuição.

O construtor de catedrais

Há um relato que já caiu no folclore popular contando a história de três cortadores de pedras que se apresentaram ao mestre de obras no primeiro dia de trabalho. O homem levou dois dos cortadores para uma das áreas de trabalho e deu as medidas precisas de altura e largura das pedras que tinham de ser cortadas. "Quero que vocês as assentem nessa configuração até essa altura", indicou. E assim o fizeram.

O mestre, então, levou o terceiro cortador para o lado oposto e disse: "O que estamos construindo aqui é uma nova catedral. Aqui está um desenho que mostra como ela ficará quando terminarmos o trabalho. Esperamos que venha a ser uma das mais fascinantes estruturas do gênero, atraindo pessoas de todo o mundo para apreciar essa conquista da arquitetura. Aqui cortaremos as pedras que serão parte do alicerce e você deve cortá-las nessas medidas (repetiu as medidas dadas aos outros dois) e quero que você as assente nessa configuração até essa altura".

A pergunta é: "Qual trabalhador dará o melhor de si, o cortador de pedras ou o construtor de catedrais?". Um dos grandes desafios de um líder é criar construtores de catedrais, e não cortadores de pedras. Seja qual for o nível do funcionário, esteja no chão da fábrica, limpando os banheiros ou sentado a uma mesa de diretoria, ele deve ter uma visão clara de "sua catedral". Nesse ponto, tem início a inestimável jornada da autoestima que trará grandes benefícios ao próprio indivíduo e para você, como o seu líder.

Podemos confundir esses aspectos com a chamada "liderança carismática", vinda de uma oratória dinâmica, cativante e entusiasta. Não estou falando aqui da capacidade de comunicação, mas da capacidade de mobilizar pessoas por meio de sua autoestima. Um líder pode ter um *low profile*, mas, ainda assim, mobilizar e motivar todos os seus funcionários. Napoleão, em seus discursos públicos, era breve e claro: "Soldados, espero de vocês uma dura luta hoje"; "Soldados, sejam valentes e decididos"; "Soldados, quero ter orgulho de vocês!".[5] Nesse caso, a "catedral" de cada um dos soldados estava construída: o orgulho das vitórias, da causa francesa, o respeito e a confiança em seu líder.

Por outro lado, já vi líderes muito entusiasmados e, numa primeira impressão, bastante carismáticos, mas cujas equipes viviam na mais perfeita confusão pela falta de direção. No fim, não é o que você FALA para a sua equipe que importa, mas o que você FAZ por ela.

Certa vez, o general Patton afirmou: "Minha teoria é que o comandante de um exército faz o que é necessário para realizar sua missão e que aproximadamente 80% de sua missão se resume a levantar o moral de seus homens".[6] Com certeza, quanto maior a autoestima de um exército, maiores o moral, o patriotismo e a motivação.

---

[5] ATKINSON, Rick. *An Army at Dawn*: The War in North Africa, 1942-1943. Nova York: Henry Holt and Company, 2003.

[6] Idem, *op. cit.*, p. 36.

Reconhecimento...

Se você entrar no site www.militar.com.br e acessar a seção da FEB (Força Expedicionária Brasileira), verá com muita emoção a lista de nossos pracinhas mortos durante a Segunda Guerra Mundial. É possível navegar nos tantos Souzas, Silvas, Pereiras ao som suave de um toque de corneta. Poderá sentir que o sangue brasileiro também foi derramado para a construção de um mundo melhor.

Na mesma seção, temos uma descrição das medalhas entregues a nossos soldados naquela ocasião: Medalha de Guerra, Medalha de Campanha, Cruz de Combate de 1ª e 2ª Classes e a Medalha de Sangue do Brasil. O valor material dessas medalhas é muito pequeno. O valor moral, emocional e sentimental corresponde a uma verdadeira fortuna. Para muitos, pode ser a única e melhor lembrança que têm da guerra.

O reconhecimento é uma das mais poderosas ferramentas de liderança, na guerra ou na paz. Geralmente, os reconhecimentos que nos são mais caros são os que, no fim, têm o menor valor financeiro.

Em uma das companhias em que trabalhei, fiquei extremamente surpreso com os resultados de uma pesquisa de satisfação de funcionários que fizemos. Pensei que, no topo da lista de insatisfações, estariam itens como reclamações de salário, assistência médica ou carreira. O que veio em primeiro lugar no caso dessa lista foi a falta de reconhecimento. Aquela companhia tinha a cultura de não reconhecer seus funcionários seja lá de que forma fosse. Afinal de contas, o esforço para se chamar atenção sobre algo malfeito é muito menor. Por incrível que pareça, precisamos desenvolver o hábito e a cultura de ver coisas positivas e reconhecê-las de forma particular ou em público.

Quando o funcionário não sabe exatamente o que os líderes pensam, torna-se vítima de uma forte insegurança. A insegurança cerceia a criatividade e a motivação, e acaba com a autoestima. O bom líder está sempre pronto a dar "medalhas a seus soldados" em todos os momentos. Fiquei impressionado com a criatividade que podemos ter quando tive contato com o livro *1001 Ways to Reward Employees* (em tradução livre, 1001 maneiras de recompensar funcionários). Literalmente, o livro cita as 1001 formas de oferecer algum tipo de reconhecimento. Se eu mesmo fosse fazer uma lista, talvez chegasse a vinte maneiras. É incrível pensar que apenas neste livro há mais de mil. Percebi o quanto a minha mente e os meus hábitos tinham de ser treinados a fim de melhor reconhecer os funcionários.

Você pode estar em uma companhia cuja cultura seja igual à da empresa onde trabalhei, mas isso não é desculpa. Você pode incorporar em seu estilo o hábito de elogiar e reconhecer tudo o que vê de bom. Faça disso uma obsessão e sua equipe se tornará obsessiva por fazer aquilo que você quer como seu líder.

Solidão...

Algumas últimas e breves palavras sobre um assunto delicado. Um dos grandes desafios que um líder sempre enfrenta é a solidão. Enquanto um oficial de alta patente ou um alto executivo encontra-se em posições de liderança elevadas, está sempre rodeado de pessoas. A impressão é que quanto mais alto for o cargo de liderança, menor a solidão. Pois bem, o efeito é o contrário.

Com a liderança, vem a pesada carga discutida no primeiro capítulo: a de se tomar decisões e, com ela, a responsabilidade por seu sucesso ou seu fracasso. Quando somos bem-sucedidos, não faltarão amigos e companheiros para compartilhar o sucesso conosco. Por outro lado, podemos ter grandes colaboradores que sempre nos dão apoio e compartilham nossa carga. No entanto, todo líder passa por seu "momento de verdade". É aquela hora em que, mesmo com todo o assessoramento e as fortes evidências e opiniões em certa direção, você tem de olhar para dentro de si e saber que deve haver uma decisão única e exclusivamente sua, e você – e apenas você – suportará todas as consequências dessa decisão, seja ela bem-sucedida ou malsucedida.

Numa posição de liderança, nunca devemos ter medo de errar. Aliás, a grande expectativa de todos os que nos rodeiam é que, com o título no cartão de visita, venha a infalibilidade nas decisões. Errado! Continuamos tão sujeitos a errar como sempre fomos no passado, porém as pessoas passam a ser menos tolerantes com os nossos erros, pois, afinal de contas, "agora você é o chefe!". Os momentos de erro são aqueles que vêm acompanhados de uma forte solidão, pois não importa o que mais alguém de sua equipe faça, você, como líder, torna-se automaticamente responsável.

Esteja preparado. É bastante confortador poder carregar o título de líder, porém, às vezes, o fardo que vem com o cartão de visita é muito pesado e você poderá sentir-se muito só. Não desista por esse motivo, pois isso também faz parte do cartão de visita. Saiba apreciar o lado positivo e o lado negativo das coisas, como tudo na vida.

Como sumarizar?

No final, percebemos que a natureza humana tem mudado muito pouco nos últimos anos (ou nos últimos séculos). Se você for um líder nas praias da Normandia ou em seu escritório, saiba ganhar a confiança de seu grupo por meio do interesse genuíno na equipe. Construa a catedral de cada um, para que saibam seu papel dentro de um todo grandioso. Saiba reconhecer incansavelmente. Dedique tempo a treinar e dar constante *coaching* ao time. Se você for um diretor, assegure-se de que a gerência média seja muito bem treinada e alinhada, pois é ela que "ganha a guerra". Finalmente, lidere pelo exemplo.

A fórmula parece muito fácil, mas exige bastante trabalho. Boa sorte em suas batalhas!

Rommel foi um dos altos comandantes alemães mais respeitados durante a Segunda Guerra Mundial, tanto pelos seus compatriotas quanto por seus inimigos. Sua forte característica: estar perto da linha de frente, perto da ação. Não são muitos líderes hoje que entendem isso.

6 Presença na linha de frente: Na guerra ou nos negócios

É bem diferente falar sobre touros e estar dentro da arena.

PROVÉRBIO ESPANHOL

Com a chegada de uma cultura de multinacionais, é comum ouvir-se a expressão "Business Review", ou "Revisão de Resultados". São aquelas reuniões longas, que podem durar de dois a três dias, em que todos os resultados, em suas minúcias, são revisados pela casa matriz. São imersões infinitas em números, custos, receitas, *headcount* e todos os outros jargões que fazem parte de uma "checagem" detalhada de como estão indo as operações da subsidiária. É a imagem que se tem quando o "patrão" vem ver como está se saindo a filial brasileira. Mas o mesmo acontece com companhias brasileiras quando visitam suas filiais fora do estado da matriz. O mesmo ritual, e as mesmas reuniões!

Mas isso nem sempre é verdade. Lembro-me de quando era responsável pela divisão de Sistemas Médicos da GE para o Brasil (hoje GE Healthcare). A divisão tinha um *corporate jet* na matriz dos Estados Unidos. Cerca de uma vez ao ano, preenchia-se a lotação máxima do jato (mais ou menos 16 passageiros) com executivos de diversas áreas que vinham para o Brasil numa viagem de dois a três dias. Vinha gente de Finanças, Marketing de Produto, Serviço etc. e, logicamente, sempre o chefe de operação das Américas. Nem sempre o jato estava disponível. Mesmo assim, o grupo vinha em voos comerciais regulares. O primeiro pensamento é que ficávamos em infindáveis reuniões de negócios, certo? Errado! O grupo inteiro só tinha um propósito: visitar clientes em todo o Brasil. O difícil era organizar as agendas de visitas, mas o resultado era fantástico!

Nosso mercado eram os hospitais de todos os portes e clínicas de diagnóstico por imagem, pois a linha de produtos incluía equipamentos de ressonância magnética, tomógrafos computadorizados, equipamentos de ultrassom e uma extensa linha de equipamentos de raio X. Durante os três dias, esse grupo, que trazia consigo um grande poder de decisão de sua matriz, ouvia seus clientes quanto aos produtos utilizados, eventuais problemas de serviço, dificuldades com a viabilidade dos equipamentos e também todos os elogios à tecnologia e às grandes vantagens que oferecia a esses clientes.

O impacto era simplesmente "bombástico". Os clientes sentiam-se prestigiados e sabiam que a companhia como um todo os estava ouvindo. Por semanas e até meses após as visitas, o contato desses clientes com a matriz tornava-se muito intenso e, logicamente, os negócios fluíam com intensidade.

Reuniões de negócios e resultados dentro da companhia no Brasil? Nem um minuto despendido nisso! Às vezes, uma reunião de consolidação de ações com clientes (o famoso *wrap-up*), mas nenhuma discussão de resultados. Essas discussões eram realizadas quando íamos para os Estados Unidos, em reuniões específicas para esse fim. O telefone, fora dessas viagens, é lógico, era intensamente usado, e mesmo conversas no avião, enquanto voávamos pelo Brasil, visitando clientes, eram momentos nos quais revisávamos os resultados.

Vá para a frente do cliente

Por mais pesquisas de mercado que se faça, por mais estatísticas que os consultores levantem sobre nossos clientes, ainda assim nada substitui a visão *in loco* dos problemas que eles têm, qualquer que seja o tipo de cliente:

indústrias, supermercados, hospitais etc. Esse comportamento deve ser usado por todas as áreas. Às vezes, o tabu é que apenas Vendas se comunica com o cliente. Mas a atuação na "linha de frente" não é um privilégio apenas da área comercial. TODOS os que se envolvem de alguma forma com o cliente (isso significa TODA a companhia) têm enormes dividendos em ver de perto como ele utiliza os produtos que chegam às suas mãos.

Há outra síndrome difícil de ser combatida. Quando uma pessoa recebe o título de "gerente", parece que algo acontece com a química da parte traseira de suas roupas, sejam calças, saias ou vestidos: essa parte tem a tendência de ficar grudada em uma cadeira, atrás de uma escrivaninha. Em geral, o real *status* da posição é reconhecido por meio do tamanho da sala e do conforto do escritório que recebe. Quanto mais confortável o escritório, maior o ímã que prende a pessoa lá dentro, afastando-a das realidades de seus clientes. O pior é quando essa "doença" atinge os próprios gerentes de vendas, que se iludem, mais uma vez, pela "química" de suas roupas que os "grudam" em suas cadeiras. Que pena!

Seja qual for a sua área: Finanças, Produtos, Logística, Vendas, Marketing, muitos serão os benefícios de sentir de perto os problemas de seu cliente. E não importa também que título você tenha na organização em que trabalha. Por outro lado, quanto mais responsabilidade seu cartão de visita demonstrar, maior será sua visão "holística" dos efeitos da organização em seu cliente e, consequentemente, maior sua capacidade de fazer as coisas mudarem.

Em minha carreira, por duas vezes, comecei a trabalhar em companhias como o CEO, sem ter nenhuma experiência no mercado em que estava entrando. Logicamente, não faltaram opiniões e relatórios internos, mostrando o que se passava no mercado e qual era a situação de nossos clientes. Essas posições eram muito bem fundamentadas por pesquisas e profissionais experientes. Como filosofia de obter as impressões na "linha de frente", em ambos os casos, passava de 50% a 60% de meu tempo apenas ouvindo clientes, distribuidores e toda e qualquer fonte externa que pudesse me esclarecer como estávamos operando. Em ambos os casos, as diferenças com as percepções internas eram simplesmente gritantes. Decisões estratégicas muito fortes foram tomadas em razão daquilo que pude perceber FORA das companhias, e não DENTRO.

Passei pela mesma experiência ao assumir a posição de presidente da Otis. Tínhamos desafios no campo e meu objetivo era falar com todos os funcionários no Brasil e visitar clientes em todas as cidades. Assim, dei início a uma "maratona" para visitar todas as nossas 25 filiais. Mas eu não fazia reuniões apenas com os gerentes. Conduzia conversas com todos os funcionários, incluindo os técnicos que estavam espalhados por todo o Brasil, aqueles que realmente encontravam o cliente todos os dias, na manutenção de seus elevadores. Estes são os verdadeiros "heróis da linha de frente" e que podiam fazer contribuições fantásticas para melhorar os nossos serviços.

Outra experiência ímpar é ouvir de seu próprio cliente, e não por intermédio de relatórios, o que ele pensa a seu respeito. O aprendizado de se ouvir diretamente funcionários e clientes revelou-se inestimável.

Esse estilo de liderança orientado à linha de frente dos negócios já é muito antigo. Alguns estudos dão crédito aos japoneses, que, no início da década de 1980, testemunharam os executivos de grandes companhias de lojas de departamento japonesas indo para a frente do cliente. Mas isso já acontecia havia muito tempo entre os militares e, principalmente, durante as guerras. Era uma prática de grandes militares e estadistas como Napoleão. Vou dedicar algum tempo a um exemplo específico.

A raposa do deserto

Muitos integrantes de regimentos, pelotões, batalhões e outras unidades das forças armadas tornaram-se grandes heróis durante a Segunda Guerra Mundial, de ambos os lados: tanto nas tropas do Eixo como entre os Aliados. Poucos, porém, tiveram tanto carisma como o Afrika Korps.

Por muito tempo, pensou-se que esse fabuloso exército de tanques Panzer alemães tivesse um recrutamento especial ou fosse treinado de forma diferente como diretriz do Exército alemão. Mas nada disso é verdade. Esse corpo de soldados mecanizados refletia o estilo, o carisma e a disciplina de seu líder: o marechal de campo Erwin Johanes Eugen Rommel. O nome Rommel tornou-se lendário entre os anos de 1941 e 1942 no cenário (como os militares gostam de chamar) do Norte da África. Nem sempre foram vitórias (embora muitas delas tenham acontecido), mas em todas as ocasiões o nome desse grande oficial alemão tornou-se, ao mesmo tempo, odiado e respeitado, principalmente pelos ingleses, que lutavam naquela parte do mundo, durante aqueles anos.

Típico militar de carreira, Rommel iniciou a sua vida na caserna em 1910. Lutou na Primeira Guerra Mundial, sagrando-se, já então, um herói condecorado. Em seguida, ocupou diversas posições até o início da Segunda Guerra Mundial, na qual se destacou mesmo entre todos aqueles que pertenciam ao círculo de Hitler, embora Rommel fosse um militar no sentido puro da palavra, não ligado à política nem às ideologias nazistas. Após anos de uma carreira brilhante, acabou sendo morto pelos próprios nazistas, por se ter oposto à guerra suicida na qual a Alemanha se afundava e propor que a liderança alemã buscasse a paz com os Aliados.

Mas seu nome consagrou-se de fato no Norte da África. Desde jovem, não bebia nem fumava e levava uma vida literalmente espartana. Acreditava que liderar pelo exemplo era a melhor forma de conquistar o respeito de seus homens (será que é necessário estarmos em guerra para que esse princípio se aplique?). Sua capacidade de mobilidade e de resposta sempre foi algo que intrigou os ingleses. A inteligência inglesa procurou seguir os seus passos, na tentativa de desvendar seu *modus operandi* e antecipar suas ações. Mas essas eram sempre imprevisíveis, rápidas e, principalmente, certeiras.

O que levaria um militar a desenvolver esse tipo de precisão? Treinamento? Algum curso especial que tivesse feito durante a academia militar? Ter seguido os passos de algum outro grande oficial? Um serviço de inteligência extremamente agressivo e muito bem infiltrado nas tropas do inimigo (talvez um bom serviço de "pesquisa de mercado")? Ou, quem sabe, pura intuição?

O grande segredo é que ele era o tipo de indivíduo "linha de frente". Ele possuía, sim, uma mente extremamente rápida e um olhar de águia para as operações militares. Mas a razão de poder tomar decisões tão rápido era que ele não esperava que as informações viessem do campo de batalha até ele, filtradas ou mal observadas, como muitas vezes acontecia. Buscava ver a situação por si mesmo, seja de carro, de avião ou de seu próprio tanque, no calor da batalha. Quando necessário, a pé. Foi dessa forma que transformou suas viagens de reconhecimento em vitórias, em abril de 1942 e janeiro de 1943. Podia emergir de uma situação de quase completo desastre e transformá-la em uma vitória.

Inúmeras vezes foi criticado por não ser estratégico. Mas, afinal, o que faz um estrategista? Coleta as informações que chegam até seu conhecimento, processa e as aplica à situação. Na realidade, quando se tem todos os fatos para a análise, a fase mais rápida é a de se processarem as informações e tomar-se a decisão. No *front* da batalha, não é preciso simular nada. Basta ver o cenário e tomar as decisões.

Suas "rondas" no campo eram constantes, transformando-se em uma rotina diária. Nenhum posto ou posição de seus homens estava longe demais para que não fosse visitado, flagrando-os, na maioria das vezes, desprevenidos e fora de forma. Era a melhor maneira de manter seus homens sempre em prontidão, pois sua visita de surpresa podia acontecer a qualquer momento. Tinha os olhos extremamente observadores, pois podia avaliar perfeitamente o relevo do posicionamento de seus soldados, a preparação das armas, a ordem, a limpeza etc. É possível tirar uma conclusão clara de fatos assim: quanto mais se observa, mais se aprende a observar e mais benefícios são extraídos do ato da observação. Esse talento não vem de nenhum curso ou instrução, mas quase por instinto, antecedido de muita prática. Sem dúvida alguma, isso se aplica também na "linha de frente" dos negócios.

Por outro lado, cada vez que alguém dessa patente ia para a linha de frente, aumentava drasticamente o risco de ser ferido ou morto. Aliás, já perto do fim de sua vida, foi tirado do cenário de guerra por ter tido seu carro bombardeado por um avião.

Um fato presenciado a respeito de Rommel passou-se na Tunísia. Ao entrar numa cidade sob fogo pesado, dirigiu seu carro até perto do tanque do comandante daquele grupamento, que estava com a escotilha superior fechada. Bateu nela. Quando o comandante abriu, Rommel perguntou: "O que você está fazendo?". Ao que o oficial respondeu: "Não sei, está muito difícil avançar". Naquele momento, a salva de uma bateria inglesa explodiu ao redor do tanque. A escotilha fechou-se e o oficial pensou que Rommel havia voado pelos ares. Dez minutos depois, novas batidas na escotilha. Ao abri-la, o oficial, estupefato, surpreendeu-se com Rommel, o qual lhe disse: "Você está certo, há quatro canhões antitanque no final da rua. Da próxima vez, você deve ir até lá e obter essa informação por si mesmo".[1]

---

[1] YOUNG, Desmond. *Rommel. The desert fox*. Nova York: Quill/William Morrow and Company, 1987.

Assim, estar na linha de frente, além de permitir a descoberta de um meio mais adequado de combater o inimigo, proporciona um efeito moral inigualável: o de estar perto das tropas. Em todas as épocas da história, inúmeros líderes militares se destacaram pela capacidade de estar perto de suas tropas e levar pessoalmente liderança, encorajamento, esperança e confiança a seus soldados. Em alguns escritos de Rommel a respeito da arte da guerra, encontrados depois de sua morte, lê-se o seguinte:

> "O comandante-chefe precisa ter contato com suas tropas. Ele precisa ter a capacidade de sentir e pensar com eles. O soldado precisa ter confiança em seu líder. Nessa conexão, há um princípio cardeal a ser lembrado: nunca se deve simular um sentimento para as tropas que não se tenha de si mesmo. O soldado comum tem um nariz surpreendentemente bom para o que é genuíno ou falso."[2]

Ir "para a frente" dá certo!

No passado, um de meus chefes foi um personagem realmente *sui generis*. Tratava-se de Bob Becker, VP para a América Latina da Rockwell. Extremamente ativo (alguns preferem o termo "agitado"), com extrema energia, mas que era "turbinada" por bastante cafeína e nicotina. Depois de alguns anos, largou o cigarro e diminuiu o café, porém a agitação continuou.

Além do nosso relacionamento profissional, sempre fomos bons amigos. Sua residência ficava nos Estados Unidos, mas, na realidade, ele morava dentro de aviões e hotéis, pois visitava com bastante frequência todos os países da América Latina. Vinha ao Brasil várias vezes ao ano e o mesmo número de visitas era feito nas outras operações da América Latina. Entrei na companhia na mesma época em que ele assumiu esse novo território, e a tarefa que ambos tivemos em termos de mudança de direções e cultura foi muito desafiadora.

O papel dele foi fundamental no sentido de ser ele o "condutor" ou a "ponte" da cultura global que precisava ser implementada. No Brasil, meu

[2] Idem, *op. cit.*

papel era o de implementar essa cultura (não vou me ater aqui a essa missão, mas à maneira como ele a implementou). Nos quase cinco anos de trabalho conjunto, não me lembro de nenhuma viagem que tenha sido feita com o propósito de revisar números e resultados. O foco de Bob era sempre os clientes e distribuidores, as equipes de vendas no campo. Ele tinha por meta sentir as filiais longínquas e mais isoladas. Em todas as viagens, não me lembro de nenhuma em que ele tenha ficado mais de 10% do tempo em nossa sede brasileira. Ele sempre estava com os clientes, na "linha de frente".

Toda e qualquer crítica que pudesse rotulá-lo como muito "tático" e "não estratégico" era facilmente rebatida pela velocidade com que detectava os problemas e as mudanças de tendências. Por quê? Porque estava sempre lá, onde a ação acontece e onde o cliente imediatamente emite sua opinião. Um indivíduo em sua posição que ficasse fechado em um escritório talvez levasse meses para perceber algo e agir, em comparação com uma percepção desenvolvida por Bob em apenas uma viagem. Tal como Rommel e muitos outros, Bob percebia, no furor da "batalha", a movimentação do inimigo e de suas próprias tropas, o que lhe permitia agir imediatamente. A presença tática no campo permitia importantes decisões estratégicas.

Tire você mesmo a "temperatura"

O efeito de se estar sempre perto do cliente é fantástico dos dois lados. Mas essa presença tem de ser real, física. Mesmo que se faça muita pesquisa, ainda assim, a presença é de incalculável valor. E o efeito benéfico é valioso para ambos os lados: do lado do cliente, quando ele percebe que queremos realmente ajudá-lo, e não apenas vender mais. Quando áreas tipicamente internas como Produção ou Logística perguntam ao cliente como é possível ajudá-lo, ele acredita MESMO que você tem essa intenção. Por outro lado, é impressionante a avaliação que se pode fazer do nosso lado na maneira como o cliente é atendido, seja em serviços ou produtos.

Agora, ao me permitir falar um pouco com a visão de quem dirigiu várias companhias, os benefícios são incomensuráveis. Absolutamente toda uma imensidão de detalhes dá informações de como o seu cliente é atendido. O título de seu cartão também motiva os clientes a fornecerem uma riqueza muito grande de detalhes que diversas vezes é ignorada ou esquecida quando ele fala com a equipe de vendas (ou ele já está acostumado com as ineficiências de sua companhia, que nem liga mais... ou já está procurando o seu concorrente). O impacto psicológico de sua presença muitas vezes "desenterra" os problemas que ele sofre como cliente, que se revelam valiosíssimos para que você tome atitudes estratégicas importantes na maneira de atendê-lo.

Cuidado com os "visitantes virtuais"

De volta ao meu início na Rockwell, aprendi muito ao observar a maneira como nossos engenheiros de vendas se comportavam quando estavam com os clientes. O grau de intimidade com setores-chave do cliente mostra o quanto eles têm penetração naquela conta. Particularmente na automação industrial, o nosso pessoal comercial tinha de estar bem conectado com o pessoal de engenharia e manutenção, do "chão de fábrica" e com a área de suprimentos. Lembro-me bem de uma das primeiras visitas em que fui levado para conhecer o que, teoricamente, seria um bom cliente. Nosso engenheiro de vendas mostrou grande desenvoltura nos contatos com a engenharia. Ao me levarem para um tour pelas instalações, apresentei-me ao gerente da fábrica e entreguei-lhe meu cartão de visita. Quase caí de costas quando vi o vendedor fazer o mesmo: apresentar-se e dar o cartão de visita DELE também, quando já deveria conhecer muito bem todo aquele setor.

Algo parecido havia acontecido alguns anos antes, quando, na GE, visitei um de nossos clientes de primeira linha, um renomado hospital de São Paulo. Essa instituição era uma de nossas grandes contas, pertencente a um vendedor de moderado sucesso, porém no território de um gerente de vendas que se gabava de ter muito sucesso e de conhecer todos os clientes. Estávamos negociando um pacote grande de equipamentos. Fui visitar o cliente e, na reunião, estavam presentes os médicos responsáveis por aquela área, a gerência de compras do hospital e o presidente. O nosso técnico de vendas cumprimentou a todos, demonstrando bastante familiaridade. O gerente dele conhecia bem apenas um dos médicos. Outro momento de surpresa silenciosa para mim: nosso gerente entregou seu cartão de visita ao pessoal de suprimentos e ao presidente do hospital! Era a primeira vez que os via, sendo aquela uma das contas mais importantes. Outro exemplo triste da química do traseiro das calças desse indivíduo: fazia-o ficar "grudado" em sua cadeira, sem sair para visitar clientes. Não durou muito. Depois de alguns meses, apesar de todo o esforço para salvá-lo, estava fora da companhia.

Dependendo do seu nível dentro da estrutura de gestão da companhia, suas visitas a clientes poderão surtir bons resultados quando você voltar para dentro da empresa. Por exemplo, toda vez que, ao visitar um cliente, recebia elogios voluntários a respeito de funcionários de minha companhia, quando voltava para o escritório, enviava um e-mail para aquele funcionário, com cópia para todo o corpo gerencial. Isso tem um efeito fantástico sobre toda a companhia. Todos sabem onde estavam minhas prioridades, além de os funcionários em questão se sentirem reconhecidos. Não raro, ao voltar de uma visita, revisávamos vários processos que não estavam atendendo bem nossos clientes. Dessa forma, foi possível agir com muita rapidez, pois eu já ouvia as questões em primeira pessoa e tinha todo o poder de decisão para consertar os problemas e os processos.

Temos a tendência de pensar em parcerias como contratos jurídicos ou a junção de dois grandes nomes no mercado, seja lá qual for o tipo de relacionamento. Um dos princípios mais elementares é que, em primeiro lugar, parcerias se constroem na base da confiança em pessoas e posteriormente os contratos apenas selam essa confiança. Não o contrário. Por essa razão, o contato pessoal, o "olho no olho", é de extrema importância para o desenvolvimento de negócios e parcerias. As tecnologias ajudarão na execução das parcerias, mas o início é sempre entre pessoas. E para isso você tem de se expor.

O grande exemplo...

Depois de encerrar minha carreira como executivo em multinacionais, comecei a atuar como consultor, continuei a dar aulas em MBA de várias instituições e passei a atuar em conselhos, tendo me certificado para tanto pelo Instituto Brasileiro de Governança Corporativa (IBGC).

Foi no início de 2010 que, nas reuniões do Secovi, um grande centro de relacionamentos do mercado imobiliário, conheci melhor um indivíduo fantástico com quem eu tivera um relacionamento distante nos tempos da Otis. Tratava-se do Elbio Fernandez Mera, fundador da Fernandez Mera Negócios Imobiliários, uma grande imobiliária responsável pelos lançamentos de imóveis novos.

Nos dez anos seguintes trabalhei muito perto do Fernandez (como todos o chamavam). Como consultor, ajudei a formar o conselho, em seguida, fiz parte dele e depois de três anos, em um almoço com ele e seu filho, Gonzalo, ambos me convidaram para "parar de dar conselhos e colocar a mão na massa".

Passei então a assessorar a Fernandez Mera, uma empresa que teve entre mil a quatro mil corretores, dependendo do momento do mercado.

Quando achei que passaria a ensinar, depois de minha carreira principal, nunca imaginei que aprenderia tanto com o Fernandez, sentindo a grande diferença entre uma experiência passada em estruturas multinacionais bastante engessadas e um empresário com uma visão incansavelmente empreendedora, e na minha opinião, um homem à frente de seu tempo.

Entre vários de seus talentos e competências, estava a capacidade incansável de estar sempre na "linha de frente".

Em todos os fins de semana rondava plantões de vendas, nos estandes de imóveis que estavam sendo vendidos, falando com corretores, incorporadores e clientes. Sua presença era constante em todos os lançamentos.

Chamava os corretores pelo primeiro nome e não havia barreiras para se aproximar dele e conversar. "Esbanjando" simpatia com o seu sotaque uruguaio e seu sorriso acolhedor, transmitindo sempre um otimismo ímpar, ficava a par muito rapidamente dos problemas e desafios em toda a companhia. Conseguia "embalar" a conversa em qualquer assunto de interesse do interlocutor: esporte, música, política, economia etc., o que fosse, e em algum momento chegava ao assunto de trabalho e à informação que estava buscando.

No escritório, circulava constantemente por todos os andares, sentava-se às mesas e trocava ideias com gestores e funcionários.

No lado dos incorporadores, conhecia todo o mercado e alimentava esses relacionamentos por meio das visitas, dos negócios e da atuação sempre muito intensa no Secovi, onde ocupou várias posições de liderança.

Nasci e cresci em São Paulo, acreditando que conhecia bem a cidade, até presenciar conversas do Fernandez nas quais ele demonstrava conhecer cada rua dessa grande metrópole e discutir que produto imobiliário melhor se adequava àquela localidade em particular.

Todo esse mundo de informações era depurado em reuniões de diretoria e faziam parte das decisões que seriam tomadas. Enfim, depois de acreditar e praticar o conceito em toda a minha vida profissional da importância de se estar na "linha de frente", foi nessa "segunda carreira" que convivi com o exemplo mais vivo dessa prática. Vi claramente o reflexo no tipo de liderança, nos clientes, funcionários e nos resultados. Realmente uma capacidade fantástica de sentir o pulso do negócio lá na ponta, onde tudo acontece.

A Covid-19 levou o Fernandez prematuramente aos 77 anos, no final de setembro de 2020, mas a sua influência, exemplo e legado permanecem fortes na companhia e no mercado, agora levados adiante por seu filho.

Motive as "tropas"

Finalmente, um aspecto adicional de se estar sempre no campo é o entusiasmo das "tropas". O poder de motivação que as visitas construtivas proporcionam, por parte da liderança do negócio, é muito grande. O moral dos funcionários costuma cair bastante quando eles se sentem isolados de sua sede e de sua liderança. Nesse cenário, com o passar do tempo, os gerentes "acham" que no campo tudo está conforme eles instruíram. Afinal, não é só essa a grande vantagem do e-mail? Não permite enviar mensagens a milhares de pessoas ao mesmo tempo? Todos sabem o que devem fazer... e continuamos nos iludindo! A presença física do líder ou do gerente significa: "Eu me importo com você e com o seu escritório que está aqui, tão distante!" ou "Você tem importância suficiente em minhas prioridades para que a cola de minha cadeira não tenha força. Vim aqui para vê-lo!". Até viagens com muitas "broncas" e chamadas de atenção têm valor motivador. A presença física de um líder faz milagres e é uma ferramenta que nunca deve ser ignorada.

Um último comentário é válido aqui, na minha ênfase ao trabalho na "linha de frente", seja qual for a sua área de atuação. Por mais que as comunicações tenham melhorado nos últimos cinquenta anos, por mais que se fale hoje de B2B e B2C e do avanço das comunicações, por mais tempo que despendamos na frente do computador respondendo a e-mails ou mandando mensagens, absolutamente nada substitui a importância das relações humanas e de se falar com as pessoas face a face. A magia da comunicação direta entre seres humanos ainda traz enormes dividendos aos negócios, ultrapassando qualquer outro método. Não subestime isso. Quando a companhia tiver problemas, "dê a sua cara para bater", ouça os clientes pessoalmente e verifique pessoalmente todos os detalhes que são a razão do seu sucesso ou de seu fracasso no negócio. Além de tudo isso, desfrute dos benefícios de estar sempre perto de sua equipe, seja dentro de sua própria cidade ou separados por muitas horas de voo.

Seja, por natureza, alguém da "linha de frente".

PARTE III

As Competências para "Manobras" em sua Carreira

As Fortalezas Voadoras, apesar de usadas também em batalhas, tinham como principais objetivos alvos estratégicos (destruição de fábricas, refinarias, represas etc.) sem resultados imediatos na guerra. Garantir resultados de longo prazo, necessita de altos investimentos pessoais no presente.

7 Pensar a longo prazo: As decisões táticas e as estratégicas

Conhecemos o que nós somos, mas não conhecemos o que podemos ser.

SHAKESPEARE

Uma de minhas fantasias preferidas na infância (veja o Capítulo 1) era montar em meu quarto uma "Fortaleza Voadora" da Segunda Guerra Mundial. Ou melhor, a cabine dela. Eu tinha verdadeiro fascínio pela guerra aérea e, depois de assistir a filmes desse tipo, partes de meu quarto se transformavam em partes de um avião.

Na mente de uma criança, um desses aviões era um verdadeiro castelo sem nenhuma possibilidade de ser vencido. Lembro-me, em detalhes, que uma pequena banqueta se transformava no manche. A touca de piscina de minha mãe tinha o formato ideal do capuz que os pilotos usavam para proteger a cabeça e suster o rádio de comunicação. Usava um dos macacões de ferramenteiro de meu pai, numa imitação perfeita do macacão de voo.

À medida que fui crescendo e a realidade foi substituindo a fantasia, fiquei admirado com a complexidade desses aviões e, ao mesmo tempo, com a sua fragilidade e dificuldade de manejo.

Vamos tomar como exemplo o B-24. Esse avião foi fabricado pela primeira vez em 1939, pela Consolidated Aircraft Corporation em parceria com a Ford, a Douglas Aircraft Company e a North American Aviation. Era um bombardeiro com quatro motores, cauda dupla e roda de nariz. Tinha velocidade máxima de 488 km/h e velocidade de cruzeiro de 320 km/h. Levava dez metralhadoras calibre .50 e era capaz de transportar 4.000 kg de bombas.

Dirigir o quadrimotor era difícil e exaustivo, uma vez que o único recurso disponível eram os músculos do piloto. Não havia limpador de para-brisa, o que obrigava o piloto a colocar a cabeça para fora da janela a fim de enxergar na chuva. Acima de 3 mil metros de altitude, só era possível respirar usando máscaras de oxigênio – frias e úmidas, impregnadas do cheiro de borracha e suor. Não havia aquecimento, apesar das temperaturas, que, acima dos 6 mil metros, chegavam a quase 50 graus centígrados negativos. O vento soprava furiosamente no interior do avião, principalmente pela janela do artilheiro central e sempre que as portas do compartimento de bombas eram abertas. De tanto frio, era comum a máscara de oxigênio grudar no rosto do tripulante. O mesmo acontecia com os dedos dos artilheiros quando tocavam suas metralhadoras sem as luvas.

Não havia equipamentos de cozinha, tampouco como esquentar comida ou café. Não havia corredor por onde caminhar; só uma passarela de vinte centímetros de largura sobre as portas do compartimento de bombas, usada para o trânsito entre a frente e a cauda do avião, o que demandava muito cuidado, porque o peso máximo suportado pelas portas de alumínio, que se enrolavam para dentro da fuselagem, era de 45 kg, ou seja, elas se romperiam se um homem caísse sobre elas. Os B-24 existiam e voavam com um único propósito: carregar bombas de 250 kg e 500 kg que deveriam ser jogadas com precisão sobre os alvos inimigos.

O perigo começava na decolagem. O aparelho ia tão carregado de bombas e combustível que a menor falha mecânica ou humana podia, na melhor das hipóteses, abortar a missão e, na pior, matar toda a tripulação.

Ocorreram mais casos de homens incapacitados pelos efeitos do frio do que por ferimentos de combate. Entrar a bordo molhado, suar profusamente ou urinar na roupa durante um ataque inimigo, tudo isso podia levar ao congelamento de mãos, pés e outras partes do corpo.

Havia outras versões. O B-17 era um bombardeiro de quatro motores, capaz de levar três toneladas de bombas a uma distância de 3.200 km, com velocidade de cruzeiro de 300 km/h. Tinha cauda única, roda traseira e era equipado com 13 metralhadoras calibre .50.

O B-25 era um bombardeiro de dois motores e cauda dupla com trem de pouso triciclo. Foi o bombardeiro utilizado na famosa missão Doolittle, sobre Tóquio, com capacidade de transportar 1.400 kg de bombas, equipado com seis metralhadoras. Alguns modelos tinham um canhão de 75 mm no nariz. Sua velocidade máxima era de 440 km/h por hora.

O B-26 era um bombardeiro de dois motores e cauda única, com velocidade máxima de 510 km/h. Era equipado com 12 metralhadoras e transportava 2.200 kg de bombas.

O B-29, que entrou em ação em 1944, foi o maior avião de combate de guerra. Era equipado com oito metralhadoras calibre .50, em torres controladas a distância, e um canhão de 20 mm na torre de cauda, controlado manualmente. Era capaz de transportar dez toneladas de bombas. Pressurizado, podia voar a mais de 10 mil metros, a uma velocidade máxima de 580 km/h. Seu raio de ação era de 9.400 km.

Podemos dizer, sem sombra de dúvida, que esses "arsenais voadores" foram as mais poderosas armas de destruição da Segunda Guerra Mundial. Muitos filmes foram feitos tendo-os como tema, e o mais recente de que tenho notícia ainda é o *Memphis Belle*, encontrado em algum lugar no *streaming*. Os curiosos poderão ter uma pequena ideia do desconforto de sua operação, embora Hollywood sempre elabore uma versão mais romântica e menos realista das dificuldades desses aviões.

Numa primeira impressão, deduzimos que seu propósito era dizimar as defesas terrestres e ajudar o Exército. Isso, de fato, foi feito inúmeras vezes. Porém, a sua maior utilização foi nos chamados "alvos estratégicos". Aqui vem o primeiro alerta para a palavra (ou expressão) à qual nos referiremos ainda diversas vezes.

Vou tomar como exemplo as missões da Oitava Força Aérea dos Estados Unidos, estacionada na Itália e de lá voando e bombardeando a Alemanha e os países do Leste Europeu, ainda ocupados pela Alemanha. Seu alvo principal foi a refinaria de Ploesti, na Romênia, que produzia 60% do óleo cru da Alemanha. Depois, essa missão foi tomada pela Décima Quinta Força Aérea. Em setembro de 1944, um total de 59.834 homens voou sobre Ploesti, lançando um total de 13.469 toneladas de bombas, ao custo de 350 bombardeiros B-24. No total, foram vinte missões diurnas sobre a refinaria. Algumas estimativas posteriores deram conta de que os ataques privaram os alemães de 1,8 milhão de barris de óleo cru. Quando o Exército Vermelho tomou Ploesti, em 30 de agosto, os russos informaram que a refinaria estava arruinada e inativa.[1]

E assim foram inúmeras as missões com alvos semelhantes em toda a Alemanha: fábricas de armamentos, munições, aviões. Usinas hidroelétricas, refinarias de aço (matéria-prima de tantos veículos e armas!). Infelizmente, as fortalezas voadoras passaram a bombardear também a população civil, quando ambos os lados já não limitavam a destruição apenas a alvos estratégicos e militares.

Usei esse exemplo das fortalezas voadoras com o intuito de mostrar claramente um grande investimento de recursos (financeiros, tempo, humanos etc.) para um esforço de longo prazo de guerra. Com certeza, o bombardeamento da refinaria de Ploesti não salvou vidas no momento do ataque ou não conteve os exércitos alemães naquele momento. Talvez algumas batalhas tivessem sido vencidas se todo aquele esforço fosse dirigido ao momento presente da guerra. Mas o propósito era "minar" justamente os alvos estratégicos, ou os itens que, no longo prazo, seriam indispensáveis ao inimigo. Mais precisamente, o inimigo não poderia sobreviver sem eles.

A primeira palavra vai para os jovens...

É simplesmente impressionante como deixamos de "pensar estrategicamente" em nossas carreiras. Isso acontece em todas as fases da vida profissional e, especificamente no início da carreira, corremos o risco de tomar decisões precipitadas. Lembro-me da ocasião em que tentamos segurar um estagiário que estava se saindo muito bem e teria tudo para ser efetivado quando se formasse. Faltavam, porém, dois anos para a formatura e ele recebeu uma proposta de efetivação em um dos distribuidores que trabalhavam conosco. Lembro-me claramente que disse a ele: "Em sua idade, você deveria estar COMPRANDO o seu futuro com o seu presente, mas, na realidade, você está VENDENDO o seu futuro com o seu presente". O atrativo foi a efetivação e um salário cerca de 30% maior do que aquele que ele tinha na ocasião. Mas isso era tudo. Ali, ele levaria algum tempo para crescer, tanto em salário quanto em novas posições.

[1] AMBROSE, Stephen. *Azul sem fim*. Rio de Janeiro: Bertrand Brasil, 2005.

Provavelmente ele teve o sentimento de que venceu uma batalha, porém desperdiçou recursos estratégicos em uma vitória de curto prazo. Desejo sorte em sua carreira, pois os jovens sempre têm tempo para recomeçar (aliás, todos nós temos!). Quando jovens, estamos sujeitos a decisões que nos trazem vantagens no curto prazo, e este é justamente o período de se investir muito... no futuro.

Algumas experiências da juventude nos marcam bastante. Lembro-me de uma história contada por um capitão do Exército (na ocasião, já reformado) falando a um grupo de jovens adolescentes como meu líder religioso. Aquela história atingiu-me em cheio quando tinha 16 anos e versava sobre a necessidade de preparação pessoal e investimento de longo prazo que os jovens devem fazer. Seu nome é Hélio da Rocha Camargo e, até hoje, somos grandes amigos. Posso dizer que foi para mim um segundo pai.

Na ocasião, ele nos contou como funcionavam os porta-aviões antigos. Os aviões tinham as asas duplas e o piloto usava o famoso capuz (igual ao meu na "Fortaleza Voadora" de minha casa) e a cabeça ficava de fora do avião. Ao sair para uma missão, o piloto entrava em seu lugar e, para auxiliá-lo na partida, o oficial assistente ficava em pé, diante do avião, de frente para a hélice. Com os braços, dava a "partida mecânica" na hélice, que, em seguida, começava a ganhar força e velocidade. Um detalhe importante é que o avião ficava preso por uma corda a uma estaca, bem próximo à sua cauda.

À medida que a hélice e o motor ganhavam força, o avião parecia desprender-se da corda e chegava a levantar-se do chão, mas o assistente esperava bastante para cortar a corda. Apenas quando o motor estava em sua velocidade máxima, o assistente ia para trás do avião, desembainhava sua espada e... cortava a corda. Com toda a força adquirida, o avião chegava à beira do porta-aviões e levantava voo. Se, por acaso, saísse prematuramente ou sem a força necessária, chegava à beira da embarcação e... caía no mar.

Aprendi uma lição importante naquele dia. A juventude é um tempo de preparação, um tempo de investimento pesado (esforço, sacrifício, dinheiro). Toda vez que tentamos "voos imaturos", caímos "na água". E, justamente no período em que estamos com a energia à flor da pele, precisamos de paciência. Paciência para atingirmos um bom estágio. Paciência para aprendermos uma segunda língua e até uma terceira. Paciência para aprendermos bem o que estamos fazendo no estágio ANTES de tentarmos outra experiência.

Paciência para, às vezes, fazermos coisas de que não gostamos, mas sabendo que uma próxima oportunidade nos levará para a área desejada.

Àqueles que tiverem a oportunidade de "não queimar etapas", aconselho firmemente que ajam com prudência. Invistam tempo para estudar. Busquem estágios que não interfiram com a faculdade. O fato de trabalhar de dia e estudar à noite me trouxe maturidade, mas o lado acadêmico sofreu, assim como a minha curva de aprendizado. Se houver a possibilidade de escolha, tenha em primeiro lugar uma experiência acadêmica rica. Em seguida, invista em um bom estágio, sem pressa. Dê o melhor de si mesmo a cada dia, em cada tarefa que aprender.

Nesse momento de início de carreira, é importante tentar alinhar três aspectos: aquilo que você gosta de fazer com o que você estuda e com o que você vai trabalhar em um estágio. Quanto mais esses três aspectos estiverem em total harmonia, maior será a base de seu futuro e seu sucesso. O início da carreira é uma época de foco, e não de dispersão. Se você já terminou a faculdade, faça uma especialização naquilo que estudou. Outra faculdade é um hobby para mais tarde, quando você vai fazer o que gosta, e não o que precisa fazer. Novamente, agora é tempo de foco, tempo de preparação.

Estas são vitórias estratégicas importantes na construção de sua carreira.

E quando estamos mais "maduros"...?

Numa das grandes companhias em que trabalhei, no exercício de avaliação anual de desempenho, fiz a seguinte pergunta: Onde você se vê dentro de cinco anos? É incrível que, em nível de diretoria, cerca de 30% do grupo não soubesse responder à pergunta. Outros 30% não estavam seguros. Numa companhia de referência mundial, mais da metade dos diretores não estavam seguros sobre o seu futuro, não sobre o que iria acontecer, mas sobre o que eles QUERIAM para o seu futuro.

Um número muito maior do que imaginamos de gerentes e diretores no mercado de trabalho não tem segurança do que quer para o futuro. Há uma grande diferença entre "ter uma leve ideia" ou "ter vontade" e realmente SABER para onde está indo. Esse direcionamento demanda um elevado grau de introspecção, autoanálise, exame das possibilidades do futuro e disciplina em se buscar as habilidades necessárias para o futuro. E este deve ser um exercício contínuo, pois passamos por constantes mudanças.

Planejar uma vez apenas, e não pensar mais nisso no espaço de cinco anos, ajuda muito pouco.

O exercício se repete como sugeri acima para os jovens. Algumas questões importantes a serem consideradas em duas dimensões: pessoal e de seu emprego atual.

Na dimensão pessoal, faça a si mesmo as seguintes perguntas:

- Faço o que gosto? Vibro com o que faço? Tenho uma forte motivação todas as manhãs para fazer o que faço?
- Tenho a formação acadêmica que corresponde à minha atividade profissional?
- Tenho procurado alinhar as minhas novas oportunidades com a experiência já vivida, e também com as novas experiências acadêmicas?
- Quais são meus pontos fortes e fracos dentro do trabalho que executo hoje?
- Quais são meus pontos fortes e fracos para a próxima posição que estou almejando?
- Qual é meu plano para cobrir esses *gaps*? Em quanto tempo?
- Quais são os pontos fortes que reúno nos quais posso capitalizar a minha carreira de forma única, com habilidades muito próprias?
- Tenho um *coach* ou mentor para trocar ideias? Alguém que me conheça bem e com quem eu possa "pensar alto", sem barreiras, a respeito de minhas pretensões para o futuro, meus temores e paradigmas?
- Quanto do meu tempo eu paro e realmente dedico a planos para o futuro, num planejamento detalhado?

Com o breve *checklist* acima, na segunda dimensão, é importante sempre fazer um "mapeamento estratégico" de sua posição no emprego atual. Algumas perguntas importantes:

- Qual tem sido o meu desempenho (formalmente avaliado, por *feedbacks* ou por percepção) nos últimos anos?
- Como está o meu relacionamento com o meu chefe? Sinto ou sei que pode me abrir caminhos novos? Pode ser um obstáculo para o meu progresso? Certa vez um *headhunter* disse-me que eu não tinha ideia de quantas posições são trocadas simplesmente pela falta de

"química" com o gestor. Nenhum dos dois, gestor e liderado estão "errados". Simplesmente a falta da "química" não permite que o trabalho ande sem traumas. Como está a sua "química" com seu gestor?

- Em novas oportunidades que surjam, quem são os meus principais concorrentes? A concorrência mais forte vem da competência dos outros candidatos ou do relacionamento mais próximo com os tomadores de decisão?
- Há quanto tempo estou sem uma promoção ou sem um aumento de minhas responsabilidades? Ou mesmo desafios diferentes e motivadores, na mesma posição? Tenho recebido reconhecimento financeiro?
- Tenho monitorado, na minha companhia e no mercado, qual a idade média das pessoas em minha posição? Há o risco de eu estar fazendo a mesma coisa por muito tempo?
- A companhia na qual trabalho tem por cultura abrir portas em outras áreas? Permite que eu faça um "lobby" com esse propósito? Ou tenho que abrir o meu próprio caminho?
- Pertenço a uma empresa em que existe a possibilidade de ser comprada ou comprar outras? Minha área pode ser um alvo para eliminações ou produtividade?
- Atualmente, qual o ciclo do mercado no qual trabalho? De alta? De baixa? Há o risco de reestruturações e redução da força de trabalho?
- Onde específica e realisticamente me vejo nos próximos dois anos? Cinco anos? Não arrisco tempo superior a este, pois na realidade atual dez anos seriam uma eternidade.
- Uma mudança de emprego pode ser a avenida para o meu progresso e para novas experiências, apesar do risco? Monitoro os salários e as oportunidades do mercado para aquilo que sei fazer?

Na maioria das vezes nos encontramos em situações que achamos difícil saber o que fazer. Pude comprovar que a maior dificuldade não é saber o que fazer, mas a falta de visão da situação real. Somos muito bons em fazer análises de outros ou de negócios, mas quando precisamos realizar uma análise profunda de nós mesmos, constantemente falhamos.

Com o simples fato de termos respostas precisas para as perguntas acima, as soluções começam a se desenhar no horizonte. Mas precisamos saber!

Ensinei Gestão Estratégica de Negócios em cursos de pós-graduação. Como parte do programa, incluía algumas sessões sobre maneiras que esse planejamento se aplica ao estudante, pessoalmente, antes de ele pensar no planejamento estratégico para o negócio. É incrível o grande número de profissionais de marketing e planejadores que pensam fazer um bom trabalho para o negócio e são péssimos planejadores de suas próprias carreiras. Pensar estrategicamente é um processo. Necessita de tempo e constante exercício. Não é apenas um exercício acadêmico. Se a pessoa não consegue fazer isso por sua carreira, dificilmente fará com sucesso em prol de seu negócio.

Acredito firmemente no ditado que diz: "Quem não planeja... reage". E há uma infinidade de pessoas simplesmente reagindo no mercado de trabalho.

Cobrindo os *gaps*...

Houve ocasiões em que tive de estudar assuntos que, naquele momento, eu achava que não gostava. Por razões que agora não importam aqui, os primeiros quinze anos de minha carreira foram uma "miscelânea" de experiências, exatamente o contrário do que sugeri aos jovens alguns parágrafos acima! Tinha passado por vendas, compras, logística, três anos de um trabalho voluntário com a minha família, responsável por cerca de 200 jovens missionários e, além de tudo isso, dois anos de intervalo em um MBA de tempo integral no exterior. Teria que voltar ao mercado de trabalho em alguma área específica. Para qual delas iria? Em qual teria a alavancagem da experiência mais a formação acadêmica passada?

Depois de muita ponderação (de estratégia de carreira), decidi que "deste limão eu teria que fazer uma limonada". Havia ganhado conhecimento em várias áreas, além de um ótimo desenvolvimento de minhas habilidades de relacionamento com pessoas, o que me tornava um bom generalista. E para o que serve esse conjunto de habilidades? Para ter o chapéu de um gerente geral ou responsável por um negócio. Não importava o tamanho do negócio... é nessa posição que eu teria uma vantagem competitiva, nessa situação pelas circunstâncias e não por planejamento. Porém teria que consertar isso para o futuro. Faltava, no entanto, um conhecimento importante nesse conjunto: finanças!

Pois bem, tomei a decisão de que meu MBA teria ênfase em Finanças. Lembro-me até da surpresa de minha esposa quando contei isso. Na realidade, isso parecia ser contrário ao bom senso: estudar algo que não é a sua vocação ou investir em uma pós-graduação numa área que não é o seu forte. Mas eu sabia que, ao contrário, esse era meu ponto fraco. Foi muito difícil, mas no segundo ano comecei até a gostar de algumas matérias. Ao contrário das matérias de Marketing, Comportamento Organizacional e outras, das quais eu gostava desde o primeiro dia.

Com o passar dos anos, pude perceber que foi a melhor decisão que tomei. Nos empregos seguintes, já no Brasil, senti-me muito à vontade na área financeira. Alguns anos depois, com 40 anos, cheguei à primeira posição em minha carreira como gerente geral. Não o teria conseguido, no tipo de companhia em que trabalhava, se não tivesse uma forte base financeira. No MBA, esse foi um dos "remédios amargos" que tive de tomar, a fim de ter boas recompensas mais tarde.

Na busca pelo preenchimento dos *gaps* em direção ao futuro, do ponto de vista estratégico, podemos ter vários "empurrões" de pessoas próximas de nós e que se revelam grandes alavancas de nossas carreiras. Às vezes, nem sempre essas pessoas são portadoras de boas notícias, mas, se essas notícias são dadas com espírito construtivo, podem fazer muito por nossas carreiras.

Depois de cerca de três anos em que já estava bem consolidado na GE e era responsável pelo Marketing para a América Latina, tive outra avaliação de desempenho com o meu chefe. Eu tivera dois anos com boa avaliação e estava indo para o terceiro ano com resultados semelhantes. Ele me deu *coaching* de praxe, até que chegou a discussão final sobre os próximos passos em minha carreira. Tentei ser arrojado, falando o que realmente queria (uma posição de linha, com responsabilidade pelo negócio). Ele, então, disse que eu estava no caminho certo e que continuasse com os bons resultados.

As "alavancas" de nosso aperfeiçoamento...

Meu chefe, Sérgio Tieppo, também se mostrava um amigo. Sabia ser muito duro quando necessário, mas muito aberto com toda a equipe. Italiano de nascimento, era casado com uma brasileira, viveu algum tempo nos Estados Unidos e falava cinco idiomas. No dia seguinte, quando cheguei ao escritório, chamou-me à sua sala e perguntou: "Você quer mesmo a posição que descreveu em sua avaliação?". Eu respondi: "É lógico!". Então, ele me fez sentar, pegou um pedaço de papel e começou a fazer duas listas. Uma delas (a mais longa) elencava os defeitos e *gaps* que me dificultavam chegar à posição que eu desejava. A segunda continha providências específicas que eu tinha de tomar para cobrir esses *gaps*. Depois, iniciou uma terceira (que era a mais curta) com as habilidades que eu já tinha para a futura posição. Ao final, ele me disse: "Vá para casa, pense no assunto e diga-me se você continua disposto a ocupar a posição e, em caso positivo, o que vai fazer a respeito".

Confesso que os dias seguintes foram terríveis. Questionei-me se não deveria deixar a companhia e buscar outro emprego em uma cultura que combinasse mais com o meu estilo. Pensei muito se o investimento em tempo e esforço para mudar tantos aspectos valeria a pena. Cheguei a pensar que o Sérgio estava exagerando. Disse a mim mesmo que ele não era o dono da verdade e que não me conhecia.

Depois de duas semanas, entrei em seu escritório e limitei-me a dizer: "Topo a parada!". Ele me respondeu simplesmente: "OK, eu já dei o caminho a você. Agora, basta trabalhar!".

Os meses seguintes foram de intenso esforço e posso dizer que, por cerca de 18 meses, esforcei-me bastante, nem sempre achando que estava conseguindo. Cerca de 11 meses depois, ao passar por minha mesa, ele me deixou uma pequena nota: "Você está no caminho certo..."

Dois anos depois da "fatídica" avaliação com o meu chefe, assumi a posição de gerente geral do negócio para o Brasil. O remédio que ele me dera fora bastante amargo e muito difícil de tomar. Mas valera a pena. Quando crescemos em nossas carreiras, nem sempre os *feedbacks* são tapinhas nas costas ou elogios sobre um trabalho bem-feito. Muitas vezes, as mudanças são traumáticas e mesmo o processo de aperfeiçoamento pode trazer muitas dores. Mas fazem parte das vitórias estratégicas de longo prazo. Não nos ajudam a fechar mais negócios naquele mês ou a salvar o ano, mas representam o asfalto com o qual estamos pavimentando nosso futuro, da mesma forma que as fortalezas voadoras viriam a trazer as vitórias reais muito mais tarde.

Creio firmemente em políticas bem estruturadas de RH que permitem um *feedback* muito aberto e sincero de nosso desempenho. Posso dizer, sem sombra de dúvida, que em minha carreira aprendi mais com os erros do que com os acertos; e também mais com as pessoas que foram muito sinceras em me apontar meus pontos fracos do que com aquelas que sempre se preocuparam em apenas elogiar. Acredito firmemente no reconhecimento de um bom trabalho, em *feedbacks* positivos etc. Mas se um *feedback* duro e negativo tem de ser dado para o crescimento do funcionário, é a melhor coisa que podemos fazer por ele. Trata-se de vitórias estratégicas de extrema importância em nossas carreiras.

Voltando ao velho chefe e amigo Sérgio, ele se aposentou enquanto eu ainda estava na GE. Tivemos um novo contato quando eu estava para ingressar na Rockwell, como presidente da companhia. Naqueles dias, ia visitá-lo constantemente no hospital, pois fora acometido de um câncer. No domingo anterior ao início em meu novo emprego, fui lá com a minha esposa. Ao nos despedirmos, disse a ele que, ao longo da semana que se iniciava, não poderia passar lá, em razão de estar começando em um novo emprego e aproveitei para pedir a ele alguns conselhos para essa nova etapa em minha vida.

Citou-me dois ou três pontos, mas o suficiente para ouvir a minha esposa dizer ao sairmos do quarto: "Puxa... ele conhece mesmo você!". No sábado seguinte, fui ansiosamente para o hospital a fim de vê-lo e contar-lhe como fora minha primeira semana na nova experiência. Cheguei ao Hospital Albert Einstein por volta das dez da manhã. Ele havia falecido por volta das oito, duas horas antes. Era o dia 24 de janeiro de 1999.

Senti que foi uma grande perda. Novamente, mentores e amigos experientes que se tornam conselheiros de confiança são grandes tesouros. Devemos sempre valorizá-los e cultivá-los.

Os "conselheiros" mais próximos...

Outra fonte de grande ajuda e alavancagem em nossas decisões estratégicas são os nossos companheiros e companheiras. Provavelmente eles podem responder às perguntas que listei acima, ainda melhor do que nós mesmos. Conhecem nosso entusiasmo, nosso humor e sabem exatamente quando estamos com problemas. Conhecem muito bem nossas habilidades, assim como nossos defeitos. Inúmeras vezes, Marina esteve presente em palestras que fiz. Enquanto o meu ego se inflava com os parabéns que recebia de muitas pessoas, eu sabia que, ao chegar em casa, ela me apresentaria uma listinha pronta dos itens que observara cuidadosamente e que eu precisava melhorar. Foram dicas que, ao longo dos anos, me ajudaram bastante.

Muitas vezes, somos muito racionais ao examinar uma determinada situação. Nossa análise é sempre pragmática. A análise da Marina, para os mesmos fatos, sempre vinha carregada do *feeling* e do sexto sentido que só as mulheres possuem. Quando dava alguma opinião sobre decisões importantes em minha carreira, minha primeira reação sempre foi de que ela não estava diretamente envolvida com os fatos e, portanto, não poderia diagnosticá-los corretamente. Comecei a estranhar quando o tempo mostrava que ela sempre estava certa. Depois de algumas experiências, passei a ouvi-la com atenção. Ela continua não errando... Posso dizer que é o grande "radar" da "fortaleza voadora".

O tempo passa rápido...

Voltando às nossas fortalezas voadoras, os relatos de guerra mostram que inúmeros generais sempre forçaram a sua utilização na frente de batalha. Enquanto muitos soldados morriam e inúmeros recursos eram destruídos, todo o arsenal desses fantásticos aviões era utilizado em alvos que não trariam benefícios imediatos. Não estavam ajudando a vencer batalhas críticas. Muitas vidas estavam sendo perdidas.

A persistência no propósito para o qual foram criadas trouxe os dividendos. A intenção desse recurso era ajudar a vencer a guerra, e não apenas as batalhas. O foco em alvos estratégicos acabou com a resistência e recursos do inimigo, permitindo a vitória da guerra, e não apenas de algumas batalhas.

Constantemente, buscamos o mesmo retorno rápido em tudo o que fazemos e deixamos de fazer investimentos estratégicos importantes. O que não percebemos é que o tempo passa muito mais rápido do que imaginamos e, em breve, o esforço não é mais estratégico: o futuro já terá chegado e, com ele, a colheita dos dividendos de nossos investimentos. Ao contrário, se deixarmos de fazer investimentos, esse futuro nunca chegará, pois nunca estaremos preparados para ele.

Sempre há tempo para recomeçar, reconsiderar a carreira e o futuro e tomar decisões de forma que você se torne o dono dele, e não apenas um reagente às circunstâncias à sua volta. Desperte SUA "Fortaleza Voadora" e inicie sua investida para o futuro!

Inúmeras operações na Segunda Guerra Mundial contavam com exércitos de diversas nacionalidades lutando em conjunto. A missão de coordenar muitas culturas ou interagir entre elas não é nova. Seja nas guerras, no comércio internacional ou na globalização esta interação é um grande desafio.

8 Entender culturas: Globalização *versus* tradições locais

Se passarmos a vida sem nunca imaginar como é ser outra pessoa, não iremos longe.

GRAHAM SWIFT

Com a globalização e a velocidade com que as companhias cruzam fronteiras, muitas matérias foram desenvolvidas no mundo acadêmico a fim de se conviver com essa velocidade de entrada em novos mercados.

Estudam-se leis, política, potencial de mercado, concorrentes e muitas outras cadeiras, porém o entendimento das culturas tem sido relegado a segundo plano. Um dos grandes desafios, sem dúvida, é ver o mundo e os outros países e pessoas com os olhos diferentes de nossa própria cultura.

O primeiro passo é a necessidade da comunicação básica. E, com isso, buscamos o aprendizado da língua, começando pelo inglês, que se tornou o idioma universal na comunicação dos negócios. Esta é uma das razões da grande dificuldade dos povos de língua inglesa, pois o simples fato de não precisarem aprender uma segunda língua para sobreviver no mundo já destrói uma das grandes pontes de entendimento de outras culturas.

Tenho uma grande admiração por executivos que, quando são transferidos para outro país, fazem um grande esforço para aprender a língua local, não importando quantos à sua volta falem a língua de sua terra natal.

Torna-se importante a comunicação na língua local, com todos os tropeços de um novo aprendizado.

Lembro-me de um ex-chefe, responsável pela América Latina e sediado nos Estados Unidos. Ele trabalhara no México, como responsável por aquela operação e nunca fizera o menor esforço para aprender o espanhol. Ao contrário, fez todos à sua volta falarem apenas inglês. Com muito orgulho, mostrava a sua teoria: "Estou aqui para que ELES aprendam inglês comigo e não para EU aprender espanhol!". Bem, em minha opinião, ele tinha 50% de razão, pois representara mesmo um instrumento para os mexicanos aprenderem a cultura americana e a língua inglesa, e com isso tiveram um forte desenvolvimento. No entanto, perdeu os outros 50%, que é o entendimento da cultura local, tão importante para todas as decisões do negócio. E isso não se aprende com um tradutor ou com o seu interlocutor comunicando-se numa segunda língua.

Como disse acima, aprender uma língua é um grande progresso, mas não é tudo. Outra ilusão que se tem é que, ao viajar bastante, é mais fácil entender outras culturas. Isso é correto, pois ajuda muito. Mas é necessário fazer uma imersão nos costumes, na culinária, na maneira de pensar, nas tradições e na história, para se entender um pouco como o povo pensa. E a maneira de pensar interfere diretamente na forma de comportamento nos negócios.

Vamos falar mais tarde sobre isso, mas os desastres começam quando tentamos vender um produto com a mente alemã para o consumidor latino. Ou conduzir uma reunião de negócios no Japão como faríamos no Brasil. Ou tentar fechar um negócio na China da mesma forma que um executivo está acostumado a fazer nos Estados Unidos. Um artigo do *Wall Street Journal* discorre acerca dos "escorregões culturais" do Walmart no início de suas incursões internacionais e diz o seguinte: "No Brasil do futebol, a rede fez uma promoção de tacos de golfe. No calor do México, tentou vender patins de gelo. Na impassível Alemanha, seus funcionários empacotavam compras e sorriam, levantando suspeitas de flerte. Agora, surgem sinais de que o Walmart aprendeu com seus erros [...]"[1]

---

[1] Artigo intitulado "Escorregões culturais ensinam o Walmart a lucrar fora dos EUA", publicado pelo *Wall Street Journal* e reproduzido no jornal O *Estado de S.Paulo*, em 10 de maio de 2006, p. B10.

E o pior: pensamos que precisamos viajar para outro país para nos preocupar com isso. Em grandes centros cosmopolitas ou com forte imigração de outros países, sofremos o mesmo problema em nosso quintal. Embora estando no Brasil, fazer negócios com descendentes de italianos, espanhóis, poloneses, alemães, americanos etc. pode ser tão complexo quanto viajar para cada um desses países. Ou mesmo lidar com executivos transferidos de todos esses países. Lembre-se de que carregamos conosco nossa formação familiar, e não apenas a certidão de nascimento do lugar onde nascemos.

Esse assunto assume grande complexidade quando entramos no relacionamento profissional, quando temos de tratar com muitas nacionalidades. Lembro-me de que o *staff* mais diversificado com o qual trabalhei quanto à nacionalidade foi o grupo da GE. Lá, eu tinha a responsabilidade por aquela operação: meu chefe era italiano e residia nos Estados Unidos; a diretora de RH era francesa; entre meus pares, responsáveis por outros países, havia um argentino, um mexicano, um cubano e um americano. Outras nacionalidades no mesmo *staff* eram: um porto-riquenho, um alemão, um espanhol e mais dois ou três empregados de outros países latinos.

Trabalhar nesse ambiente era fantástico, mas muito complexo. Lembro-me de que, em minha primeira reunião, soltei uma piada sobre certa nacionalidade, pensando com meu humor brasileiro. A maior parte do grupo riu, mas os dois ou três que não riram lembraram-se da piada por muitos anos em nosso relacionamento, e um deles acho que nunca me perdoou. Aprendi a nunca mais agir assim. Há muitos anos, qualquer piada sobre outra nacionalidade fica "brecada" em minha garganta, pois aprendi que o "abismo" existente entre as culturas é bastante amplo e posso meter-me em confusões.

Sempre foi assim...

Temos a impressão de que esses problemas são novos e modernos. No entanto, acompanham o mundo desde que um país ou povo começou a se relacionar com outro. Voltando ao nosso cenário de guerras, episódios muito interessantes ocorreram quando países e culturas diferentes lutaram lado a lado.

Um dos grandes desafios dos alemães na Segunda Guerra Mundial foi, com sua rigidez e disciplina, conviver com um exército aliado como o dos italianos, bastante informal e flexível. Mesmo entre culturas mais próximas, os choques foram inevitáveis. Por exemplo, grandes divergências apareciam entre os ingleses e os americanos, praticamente culturas irmãs. Na invasão da Europa pela Normandia, já citada em capítulos anteriores, os ingleses tinham por cultura militar conquistar o inimigo com o menor número possível de baixas. Já os americanos queriam acabar rapidamente o combate, sacrificando o que fosse necessário para abreviar o conflito. No longo prazo, as duas culturas buscavam o mesmo resultado: chegar à vitória com o menor número de baixas possível; porém, os caminhos escolhidos para atingir esse propósito eram completamente diferentes. É possível imaginar os problemas ao se definirem as estratégias e os ataques ao inimigo.

Quando a variedade de nacionalidades aumenta, é possível imaginar que a complexidade também é maior. Winston Churchill, ao falar para a Câmara dos Comuns, em 28 de setembro de 1944, deu uma boa amostra desse fato (aliás, citando os brasileiros!). Ele reportava o grande sacrifício em recursos e vidas para que o território do continente europeu fosse libertado do jugo nazista:

> "[...] Ao mesmo tempo, combates muito duros e bem-sucedidos prosseguiram na frente italiana. O general Alexander, que comanda as tropas na Itália com completa responsabilidade operacional, tem em mãos o Quinto e o Oitavo Exércitos. O Quinto Exército, metade americano e metade britânico, com o qual está servindo a excelente divisão brasileira, com tropas que tive a oportunidade de ver – um grupo magnífico de homens –, é comandado pelo general Clark, dos Estados Unidos, um oficial da mais alta qualidade, com um orgulhoso histórico de realizações em sua bagagem e na de suas tropas. [...] O Oitavo Exército, sob o comando do general Oliver Leese, cujas qualidades são também da mais elevada ordem, compreende o corpo polonês, que lutou tão galantemente sob o general Andres e uma brigada grega que já se distinguiu na vanguarda da batalha. Há também, combatendo nessa frente, uma força de italianos que deseja ardentemente libertar o seu país das garras e máculas alemãs. Esse grupo logo terá dobrado seu tamanho. O comandante da região encontra-se frequentemente com essas tropas. [...] A maior parte de todas as tropas na frente italiana vem naturalmente do Reino Unido. Mais da metade das divisões em toda a frente de batalha

é desta ilha. Juntamente com eles, estão divisões neozelandesas, canadenses, sul-africanas e indianas, ou talvez eu devesse dizer anglo-indianas, porque, como às vezes se esquece, um terço é de ingleses. O exército britânico na Itália também inclui unidades palestinas."[2]

Os dilemas de se comandar e se conviver com muitas culturas não é próprio dos dias de hoje. A diferença é que as chances de várias nacionalidades trabalharem e lutarem lado a lado eram bem remotas. Isso só acontecia em consequência de grandes conflitos mundiais. Grandes eventos precisavam aproximar culturas e pessoas fisicamente. Hoje, com o mundo tornando-se tão pequeno e com a internet abrindo janelas para todos os países do mundo, as chances de isso acontecer são praticamente diárias.

De onde sou realmente?

Lembro-me de que alguns aspectos da cultura política e gerencial brasileira me causavam certo antagonismo, por serem bem diferentes da cultura de gerenciamento que eu sempre vivenciei. Embora, quando escrevi este livro em sua primeira edição, os primeiros passos tenham sido dados pelo Poder Judiciário, a fim de sustar o famoso nepotismo no Brasil (emprego desenfreado de parentes), essa característica sempre se fez muito presente em nossa cultura. Fala-se até em tom pejorativo no famoso QI (Quem Indica) no momento de se buscar empregos e posições.

Meu primeiro contato com possíveis explicações sobre o assunto se deu com o estudo do desenvolvimento de uma classificação de culturas como *lineares-ativas* e *multiativas*.

Os latinos, espanhóis, árabes, africanos de forma geral enquadram-se na cultura *multiativa*, ou seja, conseguem fazer muitas coisas ao mesmo tempo, sem a devida disciplina, mas com muito mais flexibilidade. As culturas que dominam o grupo *linear-ativo* são os alemães, suíços, americanos e escandinavos. Há uma longa lista de diferenças entre esses grupos de culturas, mas observem algumas diferenças marcantes:

---

2 CHURCHILL, Winston. *Jamais Ceder!* Os Melhores Discursos de Winston Churchill. Rio de Janeiro: Jorge Zahar, 2005.

Lineares-ativas: quieto, gosta de privacidade, metódico (faz uma coisa de cada vez), pontual nos compromissos e nas reuniões, adere aos planos, orientado a tarefas, delega a colegas competentes, confronta com lógica, linguagem de corpo limitada, raramente interrompe.

A mesma análise feita com culturas *multiativas* mostra as seguintes características (compare-as com as do grupo anterior): falador, gregário, faz muitas coisas ao mesmo tempo, não pontual, agenda imprevisível, muda planos, orientado a pessoas, delega a relacionamentos, confronta emocionalmente, tem linguagem corporal intensa, interrompe frequentemente.[3]

Bem, foi a primeira vez que entendi o aspecto "delegar a relacionamentos" *versus* "delegar a colegas competentes". Percebi o valor da amizade e da confiança nas contratações feitas dentro da cultura brasileira, em comparação à cultura à qual eu próprio estava acostumado.

O choque não parou aí! Decidi, então, ver que características imperavam em meu próprio estilo, esperando que predominassem intensamente as características dos *multiativos*, pois, afinal, sou brasileiro! Numa análise dessas características (os itens acima representam apenas 30% das características totais), fiquei pasmo ao perceber que, em 70% dos casos, eu me encaixava no perfil *linear-ativo*, ou seja, cultura fortemente europeia (do norte). Ao analisar mais de perto, percebi a influência de minha educação em uma cultura lituana, levando em conta que passei toda a minha carreira em companhias americanas. Minha certidão de nascimento não condizia com a minha cultura gerencial, apesar de eu ser brasileiro verde-amarelo, não querer sair do país, sentir grande orgulho do Brasil e educar meus filhos dentro dos mais profundos sentimentos patrióticos e de respeito pela pátria.

Pela primeira vez, entendi minha irritação quando alguém fura uma fila, ou quando me interrompe, não me deixando concluir uma frase. Sempre julguei "errado" membros de minha própria família que começavam uma tarefa antes de terminar outra, pois, afinal de contas, "o certo" é começar algo novo apenas quando você já concluiu o que começou. Muitas vezes, comparava a "disciplina" das salas de aula americanas, em que todos levantam a mão quando querem falar, e o "fuá" de uma classe brasileira, quando todos opinam ao mesmo tempo.

---

[3] LEWIS, Richard. *When Cultures Collide*. Leading Across Cultures. 4. ed. Londres: Nicholas Brealey Publishing, 2018.

Afinal, eu estava na melhor posição possível para observar outra cultura, pois percebi que estava convivendo com ambas, intensamente, por toda a minha vida, e, como se estivesse descobrindo a América, enxerguei as razões das diferenças. Não mudei meu modo de ser, mas passei a ver nossa gente e nossos costumes com outros olhos, com respeito, e não mais com crítica. Aprendi que as pessoas são diferentes e não "erradas", como sempre julguei. Senti-me muito mais feliz em conviver com meu próprio povo.

Fico pensando o que ocorre na situação contrária, ou seja, a cultura latina julgando as outras, quando não tiveram a oportunidade de convívio e entendimento. Provavelmente os julgamos como frios, inflexíveis, orgulhosos e irritadiços "só por causa de pequenos atrasos", e assim por diante. Quanto mais nos aprofundamos, mais perdemos o sentido do "certo" ou do "errado", ou do "ideal", pois percebemos que esse julgamento depende exclusivamente do julgamento dentro do prisma que conhecemos, ou de nosso próprio mundo. Portanto, essa "verdade" passa a ser simplesmente relativa.

Esse entendimento me abriu os olhos para os relacionamentos entre meus colegas de trabalho, funcionários e até mesmo para explicar melhor a índole dos brasileiros quando minha matriz ficava irritada com certos comportamentos, principalmente quando eram observados de perto pelos visitantes estrangeiros.

Nesse ponto, o entendimento das diferenças culturais começou a me render dividendos no desempenho em minha carreira.

Culturas sob outras perspectivas

Para um estudioso de culturas, há muitas outras abordagens e classificações sobre o assunto, no sentido de como os diversos povos de nosso planeta abordam um mesmo tema. Um deles se dedica ao aspecto de como as culturas interagem com as pessoas, mesmo dentro dos próprios países, dividindo-as em categorias: culturas difusas e culturas específicas.

As culturas *difusas* são identificadas como um tanto evasivas no início de um relacionamento de negócios, difíceis de serem "penetradas" e de se saber de pronto o que desejam. Estudam profundamente o *background* do outro lado, posição, títulos, *networking*. Primeiro, desenvolvem o relacionamento e, apenas depois, entram no negócio. Nas apresentações, tanto internas como externas, para os clientes, partem do geral para o específico, ou seja, os fatos e informações são dados dentro de um processo evolutivo para que, no final, se apresentem todas as conclusões muito bem fundamentadas.

O assunto é bastante complexo e difícil de se examinar numa versão simplificada, pois, além dessas características gerais, você ainda terá os tons de variação trazidos pelas culturas específicas de cada país. Mas, dentro desse grande grupo, destacam-se algumas das culturas latinas (principalmente a argentina), a cultura japonesa, a indonésia, a nigeriana, a alemã, a dinamarquesa, entre outras.

O outro grupo é o das culturas *específicas*. São culturas que "vão direto ao ponto" logo de início. As pessoas são bem mais precisas, diretas e transparentes. Ao negociarem, estudam os objetivos, princípios e alvos financeiros específicos da organização com a qual estão lidando. As reuniões são bem estruturadas, com tempo, intervalos e agendas. Os títulos não são tão importantes, e o foco é o objetivo do negócio, não o *status* das pessoas. Nas apresentações, começam sempre com o "sumário executivo", ou seja, primeiro fornecem os resultados ou objetivo final do negócio ou da apresentação, para, só então, entrarem nos detalhes para justificar e fundamentar o resultado, e não para construir um raciocínio que leve ao mesmo, pois o objetivo já foi comunicado.

Algumas das culturas que estão nesse extremo do espectro são: americana, inglesa, neozelandesa, irlandesa, israelita, sueca, entre outras.[4]

Bem, observar uma cultura coexistindo entre seus membros é um exercício divertido, mas vê-la interagir com outras culturas, sem que seus membros tenham a sensibilidade de captar o que os indivíduos de outras culturas pensam, chega ser hilariante e melodramático.

Lembro-me de dois exemplos, ambos envolvendo a cultura americana no relacionamento com outras culturas. Num dos casos, ao assumir um negócio aqui no Brasil, logo na primeira semana fui a Miami para uma revisão anual dos resultados. Como eu estava havia muito pouco tempo na função, meu chefe pediu que o diretor comercial fizesse a apresentação. Esse indivíduo era brilhante: nascido no Egito, falava francês fluente e havia desenvolvido sua carreira no Brasil, pois viera para cá bem jovem.

Preocupado em fazer uma boa apresentação, muniu-se de todos os dados possíveis e planejou tudo muito bem, seguindo um estilo "dedutivo",

---

[4] TROMPENAARS, Fons & HAMPDEN-TURNER, Charles. *Riding the Waves of Culture: Understanding Diversity in Global Business*. Londres: Nicholas Brealey Publishing, 2012.

ou seja, deixando os resultados para serem apresentados no final e construindo todo o raciocínio de modo bastante lógico. Sentia-se muito confiante. O único detalhe é que, para os americanos, cometeu um erro mortal: não colocou os resultados logo de saída, num *executive summary*. A apresentação teve início às dez horas da manhã e, lá pelas três da tarde, depois de termos parado uma hora para o almoço, ele ainda não havia falado se apresentaríamos ou não os números do plano que a matriz desejava.

Havia aí mais um complicador: além de eu ser novo na posição, meu chefe, como responsável pela América Latina, também o era. Nessa condição, ele não quis frustrar meu diretor e interrompê-lo, ou mudar a sequência da apresentação. Ouviu pacientemente, mas, após o almoço, notávamos que ele e seu time estavam "subindo pelas paredes", pois queriam "pôr as mãos nos números" e o meu diretor, pacientemente, construía o raciocínio para apresentá-los no final. Acho que nem mesmo conseguiam prestar atenção, de tanta agonia. Quem "pagou o pato" foram os outros países em suas apresentações nos dois dias seguintes. Mal a equipe entrava na sala, meu chefe perguntava: "Quais são os números? Qual será o resultado de vocês?". Depois disso, ouvia pacientemente o que tinham a dizer.

Citei que as culturas *difusas* dão muita importância à fase preliminar da conversação e do relacionamento, para depois passarem para os negócios. As culturas *específicas* preferem "tirar os negócios do caminho" para depois dar vazão ao lado social. Passei por uma experiência interessante, quando três culturas se defrontaram num almoço de negócios (americana, brasileira e francesa).

Algumas situações hilariantes...

Sempre que esse mesmo chefe vinha ao Brasil, eu o levava para conhecer clientes, almoçar e jantar com eles. Muitas das companhias aqui no Brasil eram também de origem americana, portanto os choques de cultura não apareciam muito. Numa dessas ocasiões, marcamos um almoço com um importante cliente francês. Para fazer bonito com o nosso cliente, marquei o almoço em um dos melhores restaurantes franceses de São Paulo.

Você pode imaginar a cena: de um lado, um cliente francês, em uma refeição prolongada, buscando travar um bom relacionamento com o seu fornecedor, mas, principalmente, conhecê-lo bem. Do outro lado da mesa, um americano, acostumado com o conceito do breve *lunch* e ansioso para falar primeiro de negócios. No meio desse "sanduíche" de duas culturas, lá estava eu, tentando "mediar" as expectativas: ainda durante a entrada, meu chefe olhava impacientemente para o relógio, surpreso por terem decorrido 40 minutos e nem mesmo havermos entrado no prato principal (por ele, já estaríamos na sobremesa!). Provavelmente estava frustrado por achar que faltava objetividade em seu cliente e que estava lá perdendo seu tempo. Do outro lado, meu bom cliente francês, deliciando-se num bom e prolongado almoço, procurando ir fundo no conhecimento sobre seu fornecedor, sem falar especificamente em negócios e talvez achando meu chefe desinteressado e impaciente.

Poder-se-ia dizer que um dos dois era "culpado" por essa situação? Era evidente que ambos continuavam na zona de conforto de suas próprias culturas, sem a preocupação de fazer a "ponte" para o entendimento da outra cultura. Talvez possamos afirmar que o vendedor ou o fornecedor deve fazer um esforço maior para se adequar a seu cliente. Mas não podemos ignorar que um cliente pode perder grandes oportunidades se não souber "manobrar" seu fornecedor. Portanto, no jogo da falta de entendimento das culturas, o resultado é sempre "perde/perde".

Assim como o episódio acima, posso me lembrar de várias outras situações (mas não pretendo elaborar, aqui, uma "enciclopédia" do assunto).

Fiz parte de uma delegação ocidental negociando um contrato em Tóquio. Em nosso grupo havia indivíduos de nacionalidades diversas, mas estavam lá todas as pessoas-chave para a tomada de decisão, ali, na negociação, com um líder claramente identificado. Nossa reunião foi com um grupo de executivos japoneses, maior do que o nosso, do alto escalão, porém sem o líder principal para a decisão, que seria tomada depois da reunião (ou após várias rodadas de reuniões), em deliberação entre eles. Grandes desgastes para ambos os grupos poderem chegar a conclusões comuns...

Além de tudo isso, nosso grupo ficou pasmo ao ver jovens brilhantes, formados nas melhores universidades japonesas, que participavam da reunião como auxiliares e faziam de tudo: serviam café, tiravam cópias, limpavam a mesa quando necessário, tudo em função de uma estrutura hierárquica muito rígida, na qual os iniciantes assumem todos os papéis. Outra ponte cultural a ser cruzada.

Posso me recordar claramente de, com um chefe americano, visitar um cliente alemão aqui no Brasil. Meu chefe, tratando o cliente pelo primeiro nome já na entrada, tirando o paletó, colocando-o na cadeira, literalmente arregaçando as mangas da camisa social e começando uma conversação informal, como se conhecesse o cliente há muito tempo. Enquanto isso, meu compreensivo e paciente cliente alemão, sentado em sua mesa, mostrava-se impassível, de paletó e gravata, esperando que os seus fornecedores se "acomodassem" para iniciar uma grave reclamação a respeito de um de nossos produtos.

Um diretor global de RH, depois de passar alguns dias em nossa fábrica, questionou por que os brasileiros almoçavam sempre com as mesmas pessoas. Por que não aproveitavam a hora do almoço, no refeitório, para reuniões de trabalho ou para conhecer outras pessoas? Sugeriu que, a fim de tornar a coisa divertida, fosse realizado na entrada um sorteio da mesa e do local em que o funcionário se sentaria. Fizemos a experiência... foi um desastre! Não havia conversas entre o pessoal do chão de fábrica e do financeiro... e assim por diante. Conclusão: em nossa cultura, o horário de almoço é para um "relax" e estar com as pessoas de que gostamos ou com quem mais convivemos. A tentativa de "importação" de outra cultura não deu certo.

Lembro-me de uma experiência em Miami, em uma reunião para finalizar uma grande negociação com o diretor-geral de um futuro parceiro financeiro, vindo do Japão exclusivamente para a assinatura formal do contrato. Nosso grupo era multicultural, mas houve a preocupação de nos adaptarmos aos costumes japoneses e, antes da reunião, ao ensaiarmos o brinde com saquê, todos ficaram muito apreensivos ao descobrirem que eu não bebia nada alcoólico. Acharam que seria uma grande ofensa ao visitante. No final, a contragosto, concordaram em uma pessoa entrar furtivamente na sala com um copo de água para mim no momento do brinde e assim foi feito.

Parecia que o visitante não havia notado nada. Mas, no final da reunião, chamou-me de lado para perguntar a razão de eu não ter brindado com a bebida apropriada. Ao saber que fora por causa de minhas crenças religiosas, com os olhos fixos demonstrando um misto de firmeza e admiração, elogiou-me por não comprometer os meus princípios, mesmo em situações aparentemente críticas. Para surpresa de meus pares, nos tornamos grandes amigos e fui tratado com muita deferência quando retribuímos a visita ao seu país. Desta vez foi o outro lado da mesa que mostrou grande sensibilidade, não apenas pela cultura, mas pelas crenças de quem estava do lado de cá, enquanto o time do qual eu fazia parte estava disposto a pagar qualquer preço para que não houvesse riscos com a negociação, quase forçando uma quebra de princípios e de liberdade individual.

Os episódios acima talvez sejam divertidos, mas a falta de sensibilidade cultural e de tradições pode trazer consequências desfavoráveis, seja em negociações ou em relacionamentos no ambiente de trabalho e com clientes.

Quem está do outro lado da mesa?

Esse assunto pode encher enciclopédias, mas aqui vai uma pequena amostra do que nos espera, dependendo da cultura com a qual lidamos ao fazer negócios.

Os americanos são altamente individualistas. Não gostam de "consultar a matriz" e geralmente comparecem à mesa com autonomia necessária para as decisões que envolvem a negociação. Tornam-se imediatamente informais (tiram o paletó, chamam pelo primeiro nome, entram em assuntos pessoais e familiares). Colocam as cartas na mesa logo de início e têm muita dificuldade e impaciência quando o outro lado não faz o mesmo. Tempo é dinheiro. Vão direto ao ponto. Geralmente, tentam um fechamento verbal e um aperto de mão. São consistentes: quando mostram que o outro lado tem um bom negócio, raramente mudam de ideia. Geralmente, não são muito sensíveis a outras culturas. São muito claros quando discordam, e a transparência ajuda bastante o outro lado. Os negócios vêm antes do divertimento.

Os franceses chegam à reunião vestidos de maneira bastante formal. As apresentações são feitas usando os sobrenomes, com formalidade e os assentos seguem a hierarquia. Polidez, educação e estilo formal são mantidos em toda a apresentação. Usam a lógica e uma extensiva análise para abordar seus pontos, fazendo com que as reuniões sejam mais demoradas do que a média. Não apresentam as demandas no início, mas, gradualmente, vão construindo o raciocínio que justifica as exigências. Sentem-se desconfiados de uma excessiva amizade no início; a informalidade lhes causa desconforto. Raras vezes tomam decisões importantes na reunião. Com frequência, o principal tomador de decisão não participa da reunião. Os objetivos são de longo prazo. Tentam estabelecer relações pessoais bastante consistentes. Seu estilo de comunicação é extrovertido, pessoal, geralmente emocional, mas sempre aderindo à lógica.

Os alemães chegam também bem-vestidos, com uma aparência altamente disciplinada. Você precisa igualar-se nesse aspecto. Eles se posicionam na mesa hierarquicamente e têm uma ordem específica de falar. Vêm muito bem preparados e com fortes argumentos para defender seus pontos de vista. Geralmente chegam preparados para a contra-argumentação, tendo uma "segunda linha de ataque" pronta. Acreditam ser mais eficientes, sendo, portanto, difícil a sua mudança de posição. "Compartimentalizam" as apresentações, com cada pessoa falando sobre sua expertise, e esperam que você faça o mesmo. Repassam os detalhes muitas vezes (você tem de ser paciente!) e não gostam de ser forçados a agilizar a apresentação. Às vezes, dão uma pequena parte do negócio como "um teste". Agarre-a, pois só assim você entrará com maior participação no futuro. Usam sobrenomes e mostram grande respeito por títulos. Há muitos doutores na Alemanha. Não faça piadas na reunião. Deixe isso para o bar. Negócio é coisa séria.

Nas reuniões, os italianos não seguem as agendas com rigidez. Saltam para pontos à frente ou retomam a discussão de pontos que você acha que já estão resolvidos. Falam alto, com entusiasmo, e você pode notar duas ou mais "microrreuniões" acontecendo simultaneamente, em geral com várias pessoas falando ao mesmo tempo. Não gostam de um silêncio que perdure mais de cinco segundos. São bastante educados e "charmosos", e apreciam as mesmas demonstrações de polidez. Com frequência, trazem para a mesa aspectos pessoais ("Vejam como os presidentes de nossas companhias têm um bom relacionamento"), em vez de se aterem apenas à eficiência do produto ou da proposta. Podem discutir muito entre si, mas são bastante unidos e sólidos na negociação com o oponente. Gostam de sentir que, seja lá qual for o resultado da negociação, os negociadores, individualmente, ganharam algo.

Os japoneses, em geral, negociam em equipes, que frequentemente são maiores do que as do oponente. A reunião é um processo de consolidação de informações; portanto, não estão prontos para tomar uma decisão logo depois de ouvirem seus argumentos. Apesar de o time ser forte, têm de submeter a negociação à matriz, e pode ser que a decisão não seja tomada numa segunda nem mesmo numa terceira reunião. Quando trazem a decisão, não há possibilidade de mudar, sendo portanto pouco flexíveis. São cuidadosos, analíticos e não podem ser apressados. Precisam de tempo para a decisão em consenso. Interrompem a negociação se o outro lado for muito abrupto, impaciente ou não observar o protocolo. Mostram um respeito exagerado pelo negociador líder do oponente e esperam que você aja da mesma forma com o deles. Apenas o raciocínio lógico e intelectual não é suficiente. Eles precisam gostar muito de você e desenvolver uma confiança profunda, caso contrário... não há negócio!

O estilo chinês tem várias similaridades com o japonês, mas apresenta algumas diferenças fundamentais. São bastante formais, porém as roupas são sempre confortáveis. Sentam-se de acordo com a hierarquia e a troca de cartões é indispensável. Deve-se demonstrar um grande respeito pelo negociador sênior. No entanto, quem toma as decisões é o vice-chairman do time. O ritmo das negociações é vagaroso e repetitivo. Os chineses raramente dizem "não"; apenas apontam algumas dificuldades. As negociações são importantes eventos sociais em que se desenvolvem relacionamentos e se decide se os parceiros são dignos de confiança no longo prazo (afinal, os chineses fazem negócios há 4 mil anos!). Negociam passo a passo, sem pressa. Geralmente, no início, discutem princípios gerais de interesse comum e talvez isso seja suficiente para o primeiro dia. Conhecem o tamanho de seu mercado e usam essa informação na estratégia de preços.[5]

Aqui, você viu apenas a "ponta do iceberg" das implicações ao se lidar com cinco culturas, mas o bastante para perceber o que pode acontecer quando não há sensibilidade em relação às tradições do lado oposto. Esses comportamentos estão presentes nos fechamentos de negócios, entre chefes e subordinados, nos embates diplomáticos ou em qualquer situação em que duas pessoas de nacionalidades diferentes têm de entrar em algum tipo de negociação.

Você não precisa ser um "camaleão" e mudar seu comportamento e estilo a cada negociação; porém, há um grande valor agregado em seu poder de negociação (para um negócio ou para si mesmo) se você se mostrar sensível ao processo de pensamento da cultura de quem está do outro lado da mesa.

Esse tema, inclusive, está no âmago de todas as relações humanas que envolvam mais culturas. Cobri os assuntos acima bem mais detalhadamente ensinando em um curso de MBA a matéria de Negócios Internacionais. No final do curso, foi inesquecível para mim o comentário de uma aluna, que era descendente de alemães e casada com um japonês, me

---

5 LEWIS, Richard. *When Cultures Collide*. Leading Across Cultures. 4. ed. Londres: Nicholas Brealey Publishing, 2018.

dizendo: "Professor, se eu tivesse feito este curso no início de meu casamento, muitas coisas teriam sido diferentes entre mim e meu marido...". Como diz o ditado popular: "Mirei o que vi e acertei no que não vi" em um assunto que está em nosso cotidiano, muito mais do que imaginamos.

Mundo globalizado... Culturas localizadas...

Neste capítulo, o fato mais citado é a globalização e seus efeitos para todos nós. Com a velocidade da comunicação, internet, rapidez de locomoção, cada vez mais ouvimos o termo "aldeia global", que se expande como se estivesse formando apenas uma grande cultura ou uma "cultura global", que começa a se sobrepor às culturas locais.

O que percebemos é exatamente o contrário. Como uma espécie de "defesa" contra a velocidade da expansão econômica global, as culturas têm se fechado mais em si mesmas. No auge do progresso do Mercado Comum Europeu, em 2005, a população de dois grandes países, França e Holanda, votou contra o possível "Estado Europeu". Anos mais tarde, exatamente no dia 31 de janeiro de 2020, ocorreu a saída do Reino Unido da União Europeia, após mais de três anos e meio do referendo do Brexit. A era Trump, nos Estados Unidos, trouxe um movimento de várias nações se voltarem para dentro, para seus próprios interesses. Todo o progresso econômico que a globalização trouxe não foi suficiente para arrefecer todos os movimentos separatistas da Europa, como o dos bascos na Espanha e na França, dos irlandeses, dos sérvios e dos croatas.

Parece que há um espírito de SER um indivíduo globalizado, mas PERTENCER a uma cultura. Esse entendimento traz grandes vantagens à sua carreira.

A cidade de Bangalore, na Índia, era a "Meca" dos *call centers*. Jovens indianos recebiam ligações de clientes de todo o mundo, respondendo a pedidos de suporte dos mais diversos, como reservas e bagagens de companhias aéreas, suporte de informática etc. Muitos clientes achavam que estavam falando com centros de atendimento de seus fornecedores nos Estados Unidos, Inglaterra, Brasil, mas estavam, na realidade, falando com a Índia.[6]

[6] FRIEDMAN, Thomas L. O *mundo é plano*. Uma breve história do século XXI. Rio de Janeiro: Objetiva, 2007.

Uma das grandes preocupações desses centros era o treinamento dos jovens indianos, com o seu sotaque inconfundível, para aprenderem os sotaques do inglês dos Estados Unidos e da Inglaterra, uma vez que esses países eram responsáveis pelo maior número de terceirização dos *call centers*. Em plena expansão da globalização, quando deveriam ser cada vez mais comuns os diversos sotaques no atendimento via telefone, os clientes passaram a valorizar o sotaque familiar a seus ouvidos e a identidade com a própria cultura. Enquanto nos Estados Unidos se expande o conceito de *call centers* terceirizados até para o McDonald's (um *call center* atendendo o *drive thru* de muitas lojas), no Brasil temos o fenômeno oposto, de termos uma pessoa "em carne e osso" recebendo os pedidos, em vez de se falar para uma "caixinha". São exemplos fortes da "localização das culturas" no mundo globalizado.

Com a chegada da IA – Inteligência Artificial, em que muitas pessoas são substituídas por robôs no atendimento a clientes, o fator cultural diminui de importância, mas ainda existem muitos negócios no mundo inteiro em que as pessoas precisam entrar no circuito de comunicação, mantendo esse fator ainda muito vivo.

Esse conhecimento e essa sensibilidade não se desenvolvem de uma hora para outra. É preciso ler, conversar, perguntar e viajar para se obter essa familiaridade com outra cultura, mas, a cada ano que passa, essa habilidade torna-se mais e mais importante nos negócios e nas carreiras. Sempre que visitava clientes, tinha por hábito observar o último nome e tentar adivinhar a origem dele. É sempre um bom "quebra-gelo". É incrível a satisfação que as pessoas sentem ao falar de suas origens, principalmente quando se tratava de países que conheço, o que me possibilitava abordar assuntos familiares com meu interlocutor. Lembro-me de um professor de administração que recomendou que lêssemos um grande clássico de cada país (*Os Lusíadas*, *Dom Quixote*, *A Divina Comédia*, por exemplo), para que pudéssemos ter um "arsenal cultural" que nos capacitasse a conversar com clientes das mais diversas origens.

Afinal de contas, como vimos em alguns poucos exemplos acima, muitos clientes internacionais farão negócio com você não apenas pelo que você TEM, ou o que você VENDE, mas por aquilo que você É. O verbo SER passa a ter um valor muito grande. A confiança, em algumas culturas, é desenvolvida por meio desse verbo.

Em artigo publicado no jornal O *Estado de S.Paulo*, o jornalista Martin Jacques, pesquisador do Instituto de Pesquisa da Ásia, da Universidade

Nacional de Cingapura, e colunista do jornal britânico *The Guardian*, traz o seguinte alerta em um artigo intitulado "Globalização agrava intolerância":

> "[...] A ideia de que cada cultura tem sua sabedoria e suas características específicas, sua originalidade e sua singularidade, nascida de sua luta individual, ao longo de milhares de anos, para enfrentar a natureza e as circunstâncias, foi sufocada pela crença de que o mundo é agora um só [...] O resultado de tudo isto é a falta de conhecimento a respeito da diferença. A globalização suprimiu a distância não só fisicamente, mas, de um modo mais perigoso, também mentalmente. Ela cria ilusão de intimidade quando, na verdade, as distâncias mentais mudaram pouco. Ela aglutinou o mundo, sem criar o reconhecimento e a tolerância que precisam acompanhá-la [...]".[7]

Tenho percebido uma preocupação crescente relativa a esse assunto no mundo corporativo. Artigos sobre o relacionamento entre culturas, especificamente nos negócios, têm sido uma constante em jornais, revistas, sites e blogs de todo o mundo. Afinal, muitos estão percebendo os grandes prejuízos financeiros quando esses aspectos são ignorados. Em uma reunião dos líderes globais de uma das companhias em que trabalhei, fui surpreendido com um painel de executivos de todo o mundo discutindo os desafios das culturas. Foi divertido ver as experiências de um francês trabalhando na Inglaterra, um inglês na China, um americano no Japão, um americano descendente de orientais transferido para a Malásia e um indiano trabalhando nas Filipinas. A discussão foi intermediada por um japonês. Pudemos perceber os desafios de se ver o mundo e os negócios de muitas maneiras diferentes daquelas que os nossos próprios olhos enxergam.

Você pode não estar trabalhando em uma multinacional, mas a sua companhia no Brasil talvez tenha clientes no exterior, ou você pode ser um empreendedor, fazendo negócios internacionais pela internet ou pelas diversas plataformas para venda de produtos. Essa internacionalização pode nos dar a falsa impressão de que no mundo globalizado todos pensam da

[7] *O Estado de S.Paulo*, 23 de abril de 2006, p. A18.

mesma forma, mas isso é uma ilusão. Por trás de cada pessoa está a sua cultura e o seu comportamento decorrente dela.

Vivemos em um país de dimensões continentais, mas com muitas culturas diferentes. É importante termos a mesma sensibilidade cultural ao lidarmos com pensamentos e comportamentos diferentes.

Deixo aqui um alerta: se você ainda não tiver começado a se preocupar com esse aspecto, seja qual for o ponto da carreira em que você esteja, ainda é tempo de se mexer. Afinal, essa habilidade pode decidir muitas "batalhas corporativas".

A arte do *sniper* (franco-atirador) é a de lidar com as percepções do inimigo, camuflando-se para não ser visto e atingir os seus objetivos. Os *snipers* russos nas ruínas da cidade de Stalingrado provocaram pesadas perdas nas forças alemãs. Lidar com percepções é tão importante hoje no ambiente de trabalho como o é na guerra.

9 Lidar com percepções: A arte da camuflagem na guerra e... na companhia

Você pode enganar algumas pessoas todo o tempo, e todas as pessoas por algum tempo, mas você não pode enganar todas as pessoas todo o tempo.

ABRAHAM LINCOLN

A Campanha do Leste – Stalingrado

Depois de invadir quase toda a Europa e o Norte da África, Hitler resolveu abrir uma nova frente de batalha: a frente do Leste, invadindo a Rússia em 22 de junho de 1941. Algum tempo antes, ambos os países, Alemanha e Rússia, haviam assinado um tratado de não agressão e os russos achavam-se em relativo conforto, no sentido de não ver a guerra ameaçar seu país. Mas estavam redondamente enganados.

Essa frente de batalha era a mais ampla, sob o aspecto geográfico, aberta até aquela data. Além disso, estava mais distante da Alemanha que qualquer outro país aonde a guerra havia chegado por intermédio de soldados alemães. O avanço ocorreu de forma acelerada e os russos recorreram à mesma tática utilizada com Napoleão quase um século e meio atrás:

à medida que suas forças iam se retirando, nada era deixado para o inimigo: alimentação, plantações, animais.

O fato ao qual gostaria de me ater um pouco mais ocorreu na cidade de Stalingrado. Localizada no sul da Rússia, nas proximidades do Mar Cáspio, e construída às margens do Volga, foi o palco de uma das mais sangrentas e demoradas batalhas da Segunda Guerra Mundial. Tendo sido completamente cercada pelos alemães, o único acesso para a cidade era por meio da travessia do rio Volga, o qual era bombardeado pela aviação e pela artilharia alemãs. O Exército Vermelho e sua população resistiram bravamente ao cerco, até que, em janeiro de 1943, o exército alemão passou de sitiador a sitiado, sendo completamente cercado pelas forças russas e obrigado a se render. Em Stalingrado, começara o caminho de volta da frente oriental, que acabaria em maio de 1945, em Berlim, com a rendição dos alemães.

Durante meses, a luta naquela cidade tomou outra feição. Com os edifícios completamente destruídos, ambos os exércitos se enfrentavam, na maioria das vezes, em ataques e contra-ataques no meio das ruínas. Não era uma luta em campo aberto; ao contrário, em cada local podia haver um soldado inimigo (de ambos os lados) pronto para atirar. No início, os russos, em franca desvantagem, tiveram de usar essa estratégia, pois não havia soldados suficientes para uma luta aberta. O jogo era segurar o inimigo da forma que fosse possível.

Foi nessa época que surgiu um personagem que se tornaria famoso em toda a Rússia: o *sniper* ou, em português, franco-atirador. Para facilitar, passarei a chamá-lo de *sniper* nesta narrativa. Uma vez que a luta aberta não era possível, os russos trouxeram para essa frente atiradores de elite que se especializaram em camuflagem na neve, colocando-os nos mais variados e inesperados locais: janelas de edifícios destruídos, telhados, encanamentos, enfim qualquer lugar onde pudessem misturar-se completamente com o ambiente e não serem reconhecidos (até que fosse tarde demais para o inimigo). O sucesso foi tanto que essa modalidade de combate passou a ser chamada de "*sniperism*" ("franco-atiradorismo"). Centros de treinamento foram organizados, utilizando atiradores de sucesso e passando o know-how adiante.

Um dos mais famosos chamava-se Zaitsev, o qual, durante as celebrações da Revolução de Outubro, elevou sua marca para 149 alemães mortos (sua meta era chegar aos 150). A mais alta marca foi alcançada por um soldado identificado apenas como "Zikan", que, até 20 de novembro de 1942, matara 224 alemães. Esses personagens se tornaram verdadeiras lendas em toda a frente de batalha e o "*sniperism*" alastrava-se, causando grandes perdas nos exércitos invasores.

Aqueles que eram "estrelas" tinham suas próprias técnicas e esconderijos preferidos. O "nobre *sniper*" Ilin, ao qual fora creditado o número de "158 Fritzes", algumas vezes usou um velho barril, ou canos, para se esconder. Outro atirador famoso chamava-se Anatoly Checov, o qual se transformou em um dos mais talentosos que a guerra poderia produzir. Passou com louvor na escola de *snipers* de Stalingrado e parecia não experimentar o medo. Possuía a habilidade rara de se camuflar em esconderijos no topo de edifícios altos.[1]

Quando se fala a respeito de uma pessoa "misturar-se com o ambiente" ou ser volátil em seu estilo ou aparência, costumamos chamá-lo de camaleão. Não é o caso em questão. O camaleão é estático, passivo, apenas engana os olhos. Gosto do conceito de *sniper*, pois a missão de combater o inimigo é atingida, sem que o atacante, porém, se exponha em sua real identidade. Mas o inimigo é destruído e a missão, cumprida! E esse objetivo é atingido, principalmente por não estar no "radar de perigo" do inimigo, até que seja tarde demais. Em outras palavras, por conseguir burlar a percepção do inimigo.

Na guerra, a camuflagem sempre foi a arte de mudar a percepção do inimigo. Tanques de guerra são cobertos com redes; uniformes de soldados mesclam-se com o seu ambiente. Soldados que lutam na selva têm o uniforme verde, com cores rajadas que imitam vegetações. Com o rosto pintado de preto, confundem-se totalmente com a vegetação. Numa de minhas recentes viagens aos Estados Unidos, fiquei observando um soldado americano no aeroporto. Seu uniforme era cor-de-areia (não tinha capacete, pois só é usado na frente de batalha, mas sei que é da mesma cor). Acostumado a sempre ver soldados com reluzentes botas pretas, as deste soldado eram bege ou quase cáqui. Ficou claro que ele estava preparado para combater no deserto. Mais uma vez, trabalhando com a percepção de seu inimigo.

Isso sempre ocorre quando a luta aberta não é possível, ou perigosa para o atacante. Há momentos de se lutar de forma aberta e transparente. Ainda assim, em muitas batalhas, os exércitos querem aparentar que são

---

1 BEEVOR, Antony. *Stalingrado*. Rio de Janeiro: Record, 2002.

maiores ou menores. Por exemplo, ao invadirem os países europeus no início da guerra, quando uma cidade caía, os alemães faziam seus desfiles de "passos de ganso", ao som de tambores intimidantes. A fim de parecerem numerosos, planejavam passar pelo mesmo lugar várias vezes. Como os soldados tinham uniformes e uma disciplina que os tornavam muito semelhantes, os espiões locais sempre estimavam o tamanho do exército invasor como três ou quatro vezes o tamanho real.

Enfim, na guerra, há momentos de se jogar com as armas reais e há momentos de se jogar com a percepção. Em sua carreira, ocorre o mesmo. Vamos ver o porquê.

Construindo percepções

Antes de falarmos de mudar percepções, vamos conversar um pouco sobre como elas são construídas.

Existem milhares de publicações que mostram como um candidato deve portar-se em uma entrevista, como vestir-se, enfim, de que forma conquistar um novo emprego. Não quero falar sobre isso, pois já há material mais do que abundante (artigos sobre a "etiqueta corporativa" saem aos milhares). Além disso, esse período não conta, pois significa o namoro, o noivado e o casamento com o novo emprego. Saímos vestidos da melhor forma possível, mesmo que não seja um hábito, escolhemos a melhor roupa etc. Meu foco começa quando a lua-de-mel termina. Quando voltamos a ser o nosso "eu" natural, sem planejamento, exatamente como somos. Por quanto tempo mantemos aquela "pose"? A roupa nova e bem passada? O palavreado escolhido? As atitudes e os gestos planejados?

Assim como os casamentos se desfazem quando os namorados e noivos não se conhecem bem durante o período anterior ao matrimônio, assim também relacionamentos de trabalho são interrompidos quando as expectativas construídas não são atingidas, ou quando um dos lados descobre que o outro foi "falso" durante o namoro e não revelou a "vida obscura" que desponta depois do casamento, com as liberdades da convivência do dia a dia.

Essa é uma das fortes razões pelas quais o lado "cortejado" para aceitar um emprego deve ser tão seletivo quanto o lado que está "cortejando", pois precisará conviver com esse casamento por um bom tempo. O *fitting* para os dois lados é de extrema importância.

Bem, você está dentro... como começam as percepções? Estou deixando de lado a análise de seu desempenho, pois isso leva tempo. Em minha opinião, elas ocorrem em três frentes: em sua aparência, sua atitude e na *happy hour*.

A aparência...

Falei que o "namoro" acabou e agora refiro-me à aparência? Como é possível? Bem, ao entrar em um novo ambiente, você deve sentir o que significa fazer parte do "clube". Isso vai além do que muitos definem como cultura. O "clube" mostra como a liderança do negócio gosta que você se vista e se porte. Vou dar alguns exemplos que presenciei, mas devemos levar em conta que os "clubes" dos quais participei sempre foram multinacionais americanas e, nelas, a aparência aceita não muda muito de uma companhia para outra. No meu tempo o estilo era estar de terno (de preferência escuro) e gravata, camisa geralmente branca, cabelos curtos para os homens e barba sempre feita (hoje isto mudou bastante!).

Você pode estar em outros negócios mais informais, nos quais quem é do "clube" sempre veste roupas esportivas e jeans. Quem insistir em pôr gravata estará fora do "clube". O "clube" é algo intangível, mas "grita" ao mesmo tempo. Não terá regras escritas, mas todos falarão de você, caso não se junte a ele. As promoções poderão ser postergadas se você decidir ficar de fora, mas nunca ninguém dirá que esse é o motivo.

Lembro-me de um diretor muito eficiente, um dos melhores profissionais que conheci. No passado, começou na área de manutenção, revelando-se um ótimo técnico, e sempre gostou de usar cabelos mais compridos e barba. Nossa companhia era muito conservadora e todos se vestiam mais ou menos dentro dos mesmos padrões, especialmente nos Estados Unidos. Tínhamos um relacionamento muito constante com a matriz e o pessoal vinha muito ao Brasil. O Gustavo (vamos chamá-lo assim) estava crescendo na posição e expondo-se cada vez mais lá fora. Bem, ele estava fora do "clube" e eu notava o desconforto do meu chefe quando o Gustavo fazia apresentações lá fora. Em todas as ocasiões, ele era o único que tinha cabelo comprido e barba, em um ambiente "Wall Street" e "blue suites". A empresa era dona da verdade? De jeito algum. Mas essa era a cultura. Além disso, os que decidiam quem subia ou não tinham dificuldade em aceitar alguém que não se submetesse às regras do "clube".

Certo dia, tive uma conversa séria com ele. Expliquei-lhe que, naquela situação, ninguém estava certo ou errado, mas tínhamos uma realidade com a qual precisávamos lidar. O emprego dele não estava em jogo, assim como eu não tinha direito algum de me intrometer em sua vida pessoal. Mas éramos amigos o suficiente para que eu fosse sincero com ele. Fizemos um acordo engraçado. Ele aparou bem a barba e usou o cabelo mais curto. Pediu-me que, quando eu achasse que estava chegando a um ponto "perigoso", apenas lhe "desse um toque" e ele saberia que seria hora de apará-los. Os membros do "clube" notaram o esforço, Gustavo fez a parte dele e todos passaram a conviver bem.

O Gustavo não está mais naquela companhia. Saiu voluntariamente para ocupar uma posição muito melhor e está progredindo bastante em sua carreira. Está em um "clube" que o aceita muito melhor pelo que ele é.

Em um capítulo anterior, falamos sobre as diversas culturas do mundo. Fica claro que as pessoas julgam o ambiente e os outros de acordo com a realidade de cada um, levando em conta origem, criação, hábitos, crenças etc. E, infelizmente, o prisma de análise que impera é o do chefe. E é normal o "clube" aumentar com base nos padrões do chefe.

Há pouco tempo, um jovem em início de carreira em uma multinacional veio dizer-me, revoltado, que o pessoal da companhia "olhava torto" para ele, pois ele não se enquadrava nos padrões do "clube". Achava que havia discriminação e abuso de poder. Tentando ajudá-lo, eu disse o seguinte: "Imaginemos que você, por estilo próprio, goste muito de andar sempre de terno e gravata e cabelo curto. Mas imagine também que seu sonho seja participar de um grupo de motoqueiros que saia pelo país afora, sem destino e 'indo com o vento'. Você acha que seria aceito naquele 'clube' (vestido assim, de terno), no qual todos andam de jaquetas de couro e jeans, usam barba e cabelo comprido, e não raro com um capacete nazista? Como você se enquadraria? Seria discriminação? Abuso de poder?".

O rapaz teve de parar e pensar um pouco. Pela primeira vez, percebeu que construímos nossas percepções a partir de nosso próprio mundo. Se ele quisesse ter futuro nessa companhia e crescer, teria de aderir ao "clube" ou procurar outra companhia em que o "clube" se assemelhasse mais aos seus próprios padrões. E muitos fazem isso e são muito felizes.

Portanto, olhe à sua volta e tenha a certeza de que você se identifica claramente com as preferências do "clube" da companhia em que você trabalha. E não pense que você tem todo o tempo do mundo para mudar, pois ainda vale o ditado que diz que a primeira impressão é a que fica. Conheço pessoas que são flexíveis nesse aspecto e não "gravam" muito as primeiras impressões. Conheço outras cuja primeira impressão fica gravada em pedra e que têm dificuldade de mudar. Portanto, para agir com segurança, procure marcar bem a SUA aparência e o seu "espaço visual" logo de saída para as pessoas que são importantes para o seu futuro. Afinal de contas, antes de tudo, mesmo antes de provar a sua competência, seu visual passa uma mensagem sobre você.

Neste ponto, você pode tomar decisões importantes. Primeiro, pergunte a si mesmo: Estou dentro do "clube"? Caso a resposta seja sim, tudo OK, nada a fazer... vamos em frente. Caso a resposta seja não, você tem três opções: enquadra-se (aí o *sniper* começa a entrar em ação...), não faz nada (e pode ser que nada aconteça em razão disso, apesar de você ser um "peixe fora d'água") ou procura outro emprego, um local onde se sinta melhor.

Sua atitude...

Antes que a competência apareça, sua atitude fala em primeiro lugar. Isso inclui o modo de olhar, de falar e, principalmente, como você interage com os outros. A forma como você aceita um desafio, lida com os problemas e com o ambiente.

Estamos na era do *networking*. Aqueles que se escondem atrás do adágio de que "são tímidos, mas são eficientes", ou que pregam que o relacionamento com as pessoas não tem uma forte prioridade no desenvolvimento das habilidades, estarão em grande desvantagem em qualquer ramo de atividade. Você pode pedir a mesma coisa a dois subordinados e ter a tarefa executada com o mesmo grau de profissionalismo, mas vai notar a atitude que for mais marcante, mais entusiasta, onde até o sorriso faz uma grande diferença.

Um de meus chefes era vice-presidente da América Latina e vinha de uma larga experiência em manufatura, tendo sido responsável pela estratégia global da companhia nessa área, antes de assumir a posição atual. Ao trabalhar conosco em prol da melhoria de nossa eficiência, deu um grande impulso na visita de clientes de vários países à nossa fábrica. Sempre insistiu para que os funcionários da fábrica sorrissem para os visitantes. Provou-nos que os clientes têm mais confiança em nossos produtos quando percebem que os funcionários trabalham felizes. Uma atitude impregnada de energia e otimismo muda um ambiente.

Sua atitude leva, de um modo geral, a seu comportamento em todas as situações a que é submetido no ambiente profissional. Forma sua imagem, a percepção a seu respeito. Insisto que forma sua percepção porque nem sempre reflete a pura realidade do que você é. Esse é um dos assuntos mais difíceis para um profissional lidar.

Há alguns anos, participei pela primeira vez de uma avaliação 360 graus. Hoje, é uma prática muito bem disseminada e comum, mas lembro-me que o processo ainda não era conhecido no Brasil e participei em razão de meu gestor estar na sede da companhia, no exterior. Na avaliação, leva-se em conta a opinião não só de seu superior, mas de seus subordinados e de seus pares, fechando, assim, o círculo dos 360 graus de seu relacionamento dentro da empresa. Os questionários foram distribuídos a quatro de meus pares, a cinco subordinados e a meu chefe. Os mesmos foram preenchidos eletronicamente e enviados a um banco de dados nos Estados Unidos. Passados alguns dias, recebi a avaliação.

As perguntas abordavam meu estilo gerencial, valores da companhia, relacionamento com pares e subordinados etc. Como eu me dava bem com todos (pelo menos, eu achava...), estava muito tranquilo ao abrir os resultados. Recebi a avaliação de cada item, listando o que cada pessoa havia respondido sem a respectiva identificação. Eram apenas números para identificar as respostas. Assim, eu sabia que o número 1 era o mesmo que havia respondido às perguntas sobre os diversos aspectos (era sempre a primeira resposta!), o número 2 de cada avaliação era a mesma pessoa e assim por diante.

À medida que eu lia as respostas, minha reação começou com profunda surpresa, passando para frustração e terminando numa verdadeira "caçada mental", tentando adivinhar quem dera as respostas. Fui bem na maioria das avaliações, mas algumas delas "não refletiam a verdade". Eu "sabia" que não era aquilo. Tinha tanta certeza que nem me passou pela mente mudar alguma coisa. Eu queria, de qualquer modo, provar que aquela avaliação não estava correta.

Recebi então o *coaching* de uma excelente diretora de RH. Ela era francesa e já estava perto de sua aposentadoria, tendo muita experiência para me passar. Com muita paciência, explicou-me o significado de percepção. Não importava muito o que EU pensava sobre mim mesmo, mas aquilo que as pessoas PERCEBIAM que eu era. Tentei alinhar todos os argumentos para PROVAR que eles estavam errados. Felizmente... não adiantou.

Eu tinha de trabalhar dentro do modelo. Tinha de trabalhar com toda a organização, para que, nesses aspectos, eles percebessem que eu tinha realmente mudado, e o único sinal de meu progresso seria a avaliação de 360 graus do ano seguinte.

Apenas quando comecei trabalhar pacientemente na mudança desses pontos é que tomei consciência, aos poucos, das mensagens que eu enviava. Nesse esforço, eu começava a me transformar num *sniper*. As pessoas tinham de me perceber de uma forma um pouco diferente da imagem que eu vinha transmitindo (ou que eu achava que transmitia...). Mas o trabalho valeu a pena, pois progredi bastante. Tive alguma melhora no ano seguinte e a mudança quase completa veio apenas depois de dois anos. Tive de trabalhar pontual e arduamente em cada ponto no qual eu pretendia fazer progresso.

Quando achei que tinha a situação sob controle, surgiram outros pontos de divergência, mas desta vez não causaram surpresa. Eu sabia que algo que eu estava fazendo não era percebido da forma que eu pensava que transmitia. Esse exercício me ensinou uma grande lição: nem sempre transmitimos para as pessoas a imagem que queremos. Colocando a afirmativa sob outro aspecto, nem sempre as pessoas nos percebem como achamos que estão nos percebendo, pois, além de algumas vezes nossa "mensagem" conter sinais errados, ela é recebida por cabeças e culturas muito diferentes das nossas, e o quadro sobre você naquelas cabeças forma-se a uma velocidade muito rápida. Uma vez formada e cristalizada, é necessário despender muito trabalho e esforço para que uma mudança aconteça.

Esse aspecto, em minha opinião, é um dos mais fortes causadores de frustrações e até mesmo saídas de empregos. Para prevenir isso, em primeiro lugar, é necessário que sempre tenhamos um mecanismo de *feedback* a nosso respeito. Não é necessário fazer a avaliação 360 graus, mas, se dermos abertura para as pessoas dizerem o que pensam de nós, elas o farão. A sinceridade e a transparência tendem a aumentar quando você passa de seus subordinados para os seus pares e de seus pares para o seu chefe. Em segundo lugar, você deve estar disposto a ouvir esse *feedback* com seriedade, aceitá-lo e mostrar um esforço sincero de mudança. Você ficaria surpreso se tomasse conhecimento de quantos profissionais passam anos sem *feedback* sobre seus respectivos comportamentos. Que grandes oportunidades de desenvolvimento desperdiçadas!

Esse processo foi contínuo em minha carreira, como acredito que o é na de todos. Quando achava que tinha experiência suficiente para ser um bom profissional, lá vinha o meu chefe e me apontava vários itens em que precisava melhorar. Passava pelo mesmo processo, analisando por que a pessoa me via daquela forma e então estabelecia meu plano de ação. Alguns não eram fáceis, pois se encontravam fora de minha zona de conforto, ausentes de minha "agenda" de pontos a melhorar. Mas novamente chegava a consciência de que tinha pontos importantes a mudar e outros em que eu deveria trabalhar na percepção.

A observação final é que, em alguns momentos, você sabe que está trabalhando apenas para mudar a percepção, pois, em seu íntimo, você tem certeza de que seu comportamento naquela área está bom, mas a "mensagem" está saindo errada. Porém isso é irrelevante. Muita gente tem dificuldade de aceitar que não importa o que você pensa. A percepção está formada e você tem de trabalhar para alterá-la.

O *happy hour*...

Aqui começa a grande armadilha... Vamos chamar de *happy hour* toda e qualquer ocasião em que você tenha de comparecer a eventos e encontros sociais, inclusive viagens, coquetéis etc. com colegas de trabalho. É o momento no qual você se livra de toda a pressão, sente-se relaxado e à vontade. Tudo isso, "temperado" com bebida, pode causar desastres.

A primeira regra que você deve ter em mente, independentemente de sua idade, posição ou tempo de companhia, é a seguinte: em todo e qualquer momento que você passar com pessoas da companhia, em qualquer nível, está oferecendo subsídios para que formem opiniões a seu respeito. Essas percepções voltarão para você, mais cedo ou mais tarde em sua carreira, seja para o bem ou para o mal. Isso não quer dizer que você não possa ser alegre, bem-humorado e ter horas de descontração. O equívoco está em achar que não existem limites, só porque se está na informalidade.

Nesses momentos, quem é um pouco mais tímido sai ganhando. O fato de essas pessoas não se exporem muito evita que tenham atitudes indesejadas. Os extremamente expansivos devem usar um pouco o freio de mão e saber até onde vai seu limite. Ser o centro das atenções do grupo, contar piadas e fazer o grupo dar fortes gargalhadas são atitudes que alimentam o ego e reforçam a popularidade. Mas é outra coisa encarar essa pessoa no trabalho do dia seguinte e continuar a respeitá-la como profissional se alguns excessos tiverem sido praticados na noite anterior. Quando se está em busca de uma posição melhor, vale tudo. Não faltarão "amigos" para lembrar a possível falta de maturidade que você demonstrou na festa de Natal da companhia e os excessos que você cometeu.

Em muitas ocasiões em que meus colegas se embebedavam à minha volta, pude observá-los, perceber a mudança brusca no ambiente e os efeitos no *day after*. Repito: tenho grandes amigos que bebem socialmente. O perigo maior está nos excessos e na falta de controle.

Não importa quantas histórias o mundo corporativo possa contar sobre indivíduos que "saíram da linha" nos mais diversos aspectos e aparentemente tiveram sucesso. Você deve ter em mente que, ao longo de sua carreira, é preciso se preocupar em construir a "autoridade moral" de sua posição, e não apenas a autoridade do título de seu cartão de visita (falaremos mais sobre isso no último capítulo). Os *happy hours* (no sentido completo que descrevi acima) são os momentos em que se desenvolvem também outros relacionamentos entre colegas de trabalho, os quais, na maioria das vezes, acabam interferindo no ambiente de trabalho.

Certas notícias correm. Sempre se sabe quem são os "pares" que se desenvolvem na companhia. Muitos são bem-sucedidos e até acabam em casamento. Por outro lado, muitas "autoridades morais" são quebradas quando se sabe que uma pessoa casada está às voltas com um relacionamento amoroso no escritório. Como se pode desenvolver total confiança em um chefe que trai abertamente a esposa? A dúvida sempre permanece: será que, não sendo leal em algumas áreas, o será comigo, como seu subordinado?

Acreditem: nunca tive nada a ver com a vida pessoal de colegas ou funcionários. Nunca sequer pesquisei o que alguém fazia nas horas vagas quando estava em casa, quando viajava ou estava com sua família. No entanto, percepções construídas nos momentos do *happy hour* afloram no time e chegam ao conhecimento dos superiores com uma frequência impressionante. Informações sobre muitas pessoas são trazidas a público: comentários a respeito da possível falta de controle em discussões do bar; ambientes questionáveis em que certo diretor foi visto circulando depois do coquetel; um comentário feito acerca de alguém em uma roda social, aproveitando sua ausência temporária; o momento que alguém decidiu "colocar as cartas na mesa" e falar o que pensa em uma rodada de cerveja; a má notícia dada ao chefe em um momento de descontração; a maneira como um gerente "descontraiu-se demais" com a secretária, causando um evidente embaraço para todos à sua volta; a forma como todo o pessoal da seção resolve analisar e reclamar da decisão do chefe naquela tarde (e ele fica sabendo quem estava no grupo!); a "aposta" de quem será o substituto do diretor que saiu.

Há alguma dúvida de que todos esses acontecimentos são parte integrante do trabalho, e não do *happy hour*? Você será rotulado conforme a "facção" política à qual pertence, certas habilidades (ou a falta delas) aflorarão, alguns vícios ou defeitos que nunca apareceriam no escritório poderão tornar-se evidentes, seus pensamentos sobre determinados assuntos poderão ficar muito mais transparentes do que você deseja, e assim por diante. Já vi carreiras de todos os níveis ruírem em momentos assim.

Volto a dizer: em seu ambiente de trabalho, seja formal ou informal, você sempre estará construindo a percepção a seu respeito. Quer dizer que não posso descontrair em momento algum? Divertir-me? Se você pensa a sério sobre a construção de sua carreira e de sua imagem, cada minuto é importante. Ali também você é um *sniper*, passando a imagem que você quer que os outros tenham. Minha opinião sincera? Não há nenhum momento de descontração completa em nenhum ambiente ligado ao trabalho, seja social ou dentro do escritório. Para mim, estava em descontração total em casa, com a minha família, ao praticar um esporte, em festas de amigos, enfim, em todos os ambientes fora de meu trabalho, ou que não houvesse pessoas do trabalho.

Muitos desenvolvem grandes amizades no ambiente profissional que entram no convívio social e familiar. Isso é diferente. Não se trata de um evento do escritório ou de todo o grupo do escritório. A má notícia que estou dando a você é que, mesmo no *happy hour*, você está trabalhando! E as percepções a seu respeito continuam a ser formadas!

As redes sociais

As gerações mais recentes têm outra complicação: as redes sociais! A simples presença de alguém do trabalho perto de você já traz um forte peso no comportamento, porém muitos sentem-se mais livres nos *postings* de suas respectivas vidas pessoais, como se os conteúdos estivessem restritos àquilo ou àqueles que você quer que vejam. Ou que interpretem! Sinto dizer, mas você está trabalhando também quando faz os seus *postings* pessoais. Uma vez que você permita que a sua vida seja aberta, não há como evitar as consequências, sejam elas boas ou más, em todas as áreas.

Uma ponderação importante é você saber que sempre existem duas imagens suas, a pública e a privada. Hoje em dia, o currículo montado é quase dispensável para os recrutadores, pois o LinkedIn é a fonte de informações sobre a sua vida profissional, se você é o tipo da pessoa que se preocupa em deixá-lo atualizado. Portanto, a imagem profissional está cada vez mais pública. A imagem pessoal, entretanto, você tem opção. Se a sua imagem privada se coaduna perfeitamente com aquilo que você quer que seja a imagem pública, estamos bem. Mas geralmente não é assim. É neste momento que você deve decidir o que vai para a imagem pública e o que fica só com você. Pessoalmente, não vejo nenhum demérito nisso, pois mesmo eu prezo muito a minha privacidade, até por princípio: os detalhes de minha vida pessoal interessam apenas a mim e à minha família. Minha esposa "pilota" o Facebook e ela é bastante discreta nas homenagens e nos *postings* e este é o nosso perfil.

As redes trouxeram outro fenômeno: muita gente é bem consciente de sua imagem pública que é disseminada, aí então vamos para o outro extremo... a pintura de um quadro que nem sempre é compatível com a realidade, mas que passa uma imagem de perfeição, de céu azul de brigadeiro, que "vende" bem a imagem de quem a publica. Não estou aqui para julgar ninguém, mas a palavra de alerta é para quando você abre a sua vida, sem limites, a ponto de criar uma imagem muito diferente daquela que você reflete no ambiente de trabalho e social. No fim de tudo, a escolha e o direito são seus, de abrir o que você queira. Mas esteja preparado para as consequências, pois sobre estas você não tem domínio.

Vivemos em um país privilegiado com a liberdade de expressão e é muito bom podermos falar abertamente sobre o que pensamos. Por outro lado, tenho visto amizades e até mesmo famílias com grandes rachaduras no relacionamento provocadas pelos debates políticos extremamente acalorados. Muitas vezes a pessoa evita falar ardorosamente sobre esse assunto no ambiente de trabalho, mas na sua rede social o "verbo" corre solto. Mais uma vez... a liberdade de expressão é maravilhosa, mas se sou muito "acalorado" no assunto, até onde quero que seja cem por cento público? Posso ferir os brios políticos de meu chefe? De um cliente especial? De amigos muito próximos? Posso contrariar minha imagem no trabalho de uma pessoa flexível e com empatia, enquanto nas discussões ideológicas sou inflexível e agressivo com relação a meus pontos de vista? Novamente, a liberdade e a decisão são suas... mas anteveja com precisão as consequências e não se deixe levar pelas emoções do momento de uma discussão acalorada nas redes.

Com redes sociais, não devemos estar restritos às mais conhecidas (Facebook, Instagram, TikTok, LinkedIn, e outras que com certeza aparecerão muito em breve). Existem centenas de caminhos de exposição pública em um mundo que se torna cada vez mais transparente e público. Vimos comunidades surgindo com impactos globais. A #MeToo iniciada nos Estados Unidos em razão de assédio sexual por parte de homens influentes viralizou no mundo todo, com muitas versões em vários países. A PatientsLikeMe tem 500 mil pessoas ativas e já abordou 2700 doenças. É incontestável o grande impacto social do movimento Black Lives Matter, que cresceu sem uma coordenação central, mas pelo puro engajamento das pessoas. As redes sociais foram usadas também com finalidade terrorista, pois o Estado Islâmico utilizava essas ferramentas para recrutar novos adeptos.

O fato é que haverá diversas áreas de nossa vida nas quais teremos oportunidades de nos tornarmos públicos e esta é uma tendência sem volta. Algumas comunidades nos serão muito úteis, nas quais vamos querer nos fazer presentes e dar a nossa opinião. O importante é ter a consciência desse fato e você saber que sua imagem torna-se cada vez mais transparente, bem como a percepção que todos construirão a seu respeito. Será ela consistente? O "compartimento" ideológico não vai interferir no profissional? Você pode decidir que será autêntico em cada uma das áreas (e não há nada de errado nisso). Mais uma vez, meça as consequências e procure ser consistente. Vale a pena lembrar do seguinte: a percepção que você pensa que constrói não é aquela que os outros formam de você.

Enfim...

Acho que agora dá para entendermos um pouco mais sobre o efeito das camuflagens na guerra. Nem sempre queremos mostrar nosso eu total em todas as ocasiões. Muitas vezes, temos de nos "misturar" ao ambiente e nos tornarmos tão imperceptíveis como os *snipers*. Isso não significa que devemos ter duas vidas, mas nos adaptarmos ao que o ambiente profissional requer. Uma companhia com funcionários que lá trabalham há muito tempo demonstra que todo o grupo joga de acordo com as "regras" e agrada ao "clube". Foi a carreira que escolheram e é lá que querem trabalhar, embora você sempre tenha a opção de procurar ambientes nos quais se sinta melhor e com os quais se identifique mais.

Outro aspecto a ser lembrado sobre os *snipers* é quando os colocamos do outro lado, ou seja, do lado daqueles com quem temos relacionamento profissional. Você nunca terá a certeza total do que representarão para você ou o que falarão a seu respeito. Isso não acontece por mal, ou porque alguém tenha a intenção explícita de prejudicá-lo, porém é VOCÊ quem gera os fatos que talvez chamem muita atenção e podem despertar comentários, sejam eles positivos ou negativos. Você é quem constrói a sua imagem, seja no ambiente de trabalho, naqueles informais como o *happy hour*, eventos, ou nos seus *postings*. Aquele colega inofensivo a seu lado, em um evento social, pode ser a pessoa de quem você leve "um tiro mortal", pelo simples fato de comentar com o melhor amigo dele uma "pisada de bola" que você deu quando permitiu que a bebida subisse à cabeça.

Nunca se esqueça de que, ao mesmo tempo que você trabalha para um desempenho de qualidade, é de extrema importância se preocupar com a percepção formada a seu respeito. Ambos os aspectos serão de muita importância na construção de seu grande patrimônio: sua carreira.

Um dos capítulos mais negros da Segunda Guerra Mundial refere-se à maneira pela qual foram tratados os prisioneiros de guerra. Todas as convenções a respeito foram ignoradas e os excessos estarreceram a humanidade. Quando não há princípios, as nações decaem. Quando não há ética, os povos perdem o seu norte.

A Competência Mestra 10

Ética: Princípios nos conflitos, nos negócios e na carreira

Temo que deveríamos tornar o mundo honesto antes de honestamente dizer a nossos filhos que a honestidade é a melhor política.

GEORGE BERNARD SHAW

Pensei bastante em como encerrar este livro. Assim como uma sobremesa muito sofisticada, deixei este assunto para o fim. Trata-se de um de meus preferidos, sendo que entre a primeira e a terceira edição deste livro, muitas coisas ocorreram no Brasil, moldadas pela Operação Lava Jato. Além disso, num passado próximo, algumas grandes corporações americanas ruíram pela simples falta de ética em seus negócios e pela primeira vez se tornou frequente nas notícias altos executivos indo para a cadeia. Companhias sofrem prejuízos enormes por sonegarem impostos, quebrarem leis antitruste, pagarem propinas a funcionários públicos em todo o mundo.

Sempre tive uma crença muito forte de que é possível sobreviver num mundo corporativo no qual ouvimos todas essas coisas. Quando comecei minha carreira, disseram-me que, mais cedo ou mais tarde nessa área, eu teria de comprometer meus valores. Decorridas várias décadas de trabalho, posso garantir que aquelas pessoas estavam erradas e consigo olhar a nova geração que está entrando no mercado e dizer: não se contamine com as notícias dos jornais, com os boatos, com as negociatas, com os crimes de colarinho-branco. É plenamente possível passar uma carreira profissional inteira imune a todas essas poluições morais e agir com ética nos negócios e na carreira.

Como "aquecimento" para o tema, vamos falar sobre ética num ambiente em que parece difícil empregar uma palavra como esta. Mas vemos que é possível, sim. Ao mesmo tempo, constatamos o que ocorre com os princípios pessoais quando os indivíduos são submetidos a pressões da guerra ou mesmo quando, de posse de uma arma, ganham o controle sobre aquele pedaço da humanidade.

A Convenção de Genebra

No dia 27 de julho de 1929, foi assinada a Convenção de Genebra, na cidade de mesmo nome na Suíça, relativa ao tratamento de prisioneiros de guerra. Esse tratado, subscrito por 46 países, foi assinado apenas dez anos antes da Segunda Guerra Mundial.

Desconheço a razão, mas a lista dos países signatários é encabeçada pelo "President of the German Reich". A lista não é alfabética, pois em segundo lugar vem "The President of the United States".[1] Entre os outros países signatários, encontramos França, Itália, Inglaterra, Chile, Cuba, Brasil, Áustria, Portugal, Venezuela, China, Egito, Espanha, México, Polônia, Suécia, Uruguai, Dinamarca, Finlândia etc. Fato curioso: a Rússia não assinou esse tratado.

A Convenção de Genebra é composta de 97 artigos, com definições detalhadas a respeito do tratamento de prisioneiros de guerra. Aqui, não é minha intenção descrever todos os detalhes desse documento, apenas citar alguns aspectos.

O artigo 5 diz que, ao ser interrogado, o prisioneiro deve dizer seu nome verdadeiro, patente e o número do regimento. Proíbe-se qualquer coerção no sentido de fazer o prisioneiro falar. Num ato de cavalheirismo entre inimigos, o artigo 8 reza que, após a captura, deve-se informar ao

---

[1] O documento original foi escrito em francês. O texto ao qual o autor teve acesso é o da tradução para o inglês, preparado para a aprovação do Senado americano em 1932.

inimigo o nome dos prisioneiros, para que as famílias sejam avisadas e que o prisioneiro possa corresponder-se com seus parentes. Do artigo 10 ao 18, podemos ver todos os detalhes da instalação dos prisioneiros em seus respectivos campos: conforto mínimo dos alojamentos, tipos de comida, água, condições sanitárias, enfermaria, tipos de tratamento médico e inspeções de saúde etc.

Mais adiante, alguns artigos determinam como os prisioneiros podem trabalhar para a potência que os aprisionou. Regras detalhadas de quem deve fazer o que e até uma discussão acerca de remuneração. Chegam a discutir os parâmetros de repatriação, tanto em caso de ferimento dos soldados quanto do momento em que o conflito se encerra.

Pelos poucos detalhes fornecidos acima, pode-se imaginar que, se todos os países cumprissem essas regras em caso de conflito, as guerras seriam profundamente "humanitárias", o que difere um bocado da imagem que temos delas.

O conflito que começou em 1939 trouxe para os registros da história o que de mais negro poderia ser captado da natureza humana. Os campos de prisioneiros de guerra nazistas quebraram toda e qualquer regra da Convenção de Genebra. Sabe-se que o tratamento era totalmente desumano, desde as condições dos campos, a alimentação e o tratamento médico, até a utilização de mão de obra escrava de prisioneiros na indústria bélica alemã. Registramos que as condições eram subumanas no tratamento dos prisioneiros militares, embora o escopo aqui não seja a discussão dos crimes contra a humanidade cometidos nos campos de concentração de prisioneiros judeus (civis).

Se é que havia a possibilidade de se buscar algo parecido com a ética na guerra, pois essa palavra foi totalmente esquecida por aquele regime totalitário.

Mencionei acima que a Rússia não foi signatária da Convenção. Não conheço os detalhes históricos de sua não inclusão, mas, com o bolchevismo nesse país, o início da década de 1920 trouxe as consequências de outro regime totalitário: o comunismo. A principal ferramenta do regime no combate a seus inimigos foi a morte ou o banimento, à vista de qualquer dúvida acerca da não adesão ao regime.

Em consequência, a soma total de prisioneiros nos campos costumava girar em torno de dois milhões, mas o número total de cidadãos soviéticos que tiveram alguma vivência dos campos na condição de presos políticos ou comuns é muito maior. Desde 1929, quando começou a expansão dos campos de prisioneiros, até 1953, quando Stalin morreu, as melhores estimativas indicam que cerca de 18 milhões de pessoas passaram por esse enorme sistema. Mais de seis milhões sofreram o degredo, desterradas para os desertos cazaques ou as florestas siberianas. Em 1921, já havia 84 campos de concentração em 43 províncias, a maioria destinada a "reabilitar" esses primeiros inimigos do povo.[2]

Essa situação sempre foi pouco conhecida, em razão da proibição de entrada de repórteres e jornalistas durante as tantas décadas de opressão totalitária, ao contrário do que ocorreu com os nazistas, com jornalistas de todo o mundo filmando os horrores dos campos de concentração.

Anne Applebaum, autora do livro *Gulag*, ganhador do Prêmio Pulitzer de Não Ficção em 2004, faz a seguinte ponderação:

> "Ninguém quer saber que a vitória aliada teve outro lado, mais sóbrio, ou que os campos de Stalin, nosso aliado, se tenham expandido justamente quando os de Hitler, nosso inimigo, eram libertados... Ninguém quer concluir que derrotamos um chacinador com a ajuda de outro."[3]

Leis: cumpridas apenas com reforço ou policiamento?

Como fazemos uma "ponte" entre os fatos narrados e a ética na guerra, no cumprimento da Convenção de Genebra e até mesmo no âmbito mais específico de nosso foco, que é o dos negócios e do ambiente corporativo? Em primeiro lugar, mesmo sem serem "santos" nesse assunto, houve muito mais respeito no tratamento dos prisioneiros alemães, japoneses e italianos por parte dos Aliados. Em segundo lugar, essa fase da história mostrou que, quanto mais totalitário e extremista for o regime, menor será a

---

[2] APPLEBAUM, Anne. *Gulag:* Uma história dos campos de prisioneiros soviéticos. Rio de Janeiro: Ediouro, 2009.

[3] Idem, *op. cit.*

preocupação com a ética, as leis estabelecidas e o respeito pelo ser humano. Os dois regimes que mais danos e mortes causaram no século XX (nazismo e comunismo) mostraram que a filosofia que dita que "os fins justificam os meios" imperou com toda a força. A falta total de princípios sempre conduziu à quebra total das leis e regras estabelecidas e de qualquer princípio ético.

Portanto, acredito firmemente que, em nossa realidade, a quebra de leis e de práticas éticas está ligada não a necessidades de negócios ou à aderência a práticas comerciais "vigentes", mas à falta de princípios dos indivíduos que compõem as respectivas negociações. Essa falta fica evidenciada quando todo e qualquer reforço das instituições é retirado, como ocorreu com as duas potências descritas acima. Portanto, na retirada das leis ou na suspensão de seu reforço, enxergam-se os verdadeiros princípios dos indivíduos (ou a falta destes).

Situação semelhante ocorre em muitas cidades de países desenvolvidos em todo o mundo, quando há *black-outs*, com a falta total de energia elétrica, ou em caso de desastres naturais ou mesmo conflitos armados. O que acontece com a população até aquele momento comportada e obediente? Saques em supermercados, lojas e estabelecimentos comerciais de uma forma geral. Pessoas andam nas ruas carregando bens saqueados, aproveitando os momentos de falta total de policiamento ou "da luz do dia". Digno de nota é que esses saques não ocorreram no Japão em 2011 quando um terremoto seguido de um tsunami atingiu toda a costa nordeste do país. Os supermercados eram abandonados durante a evacuação e as mercadorias continuavam lá... intactas! Um grande exemplo de comportamento ético coletivo.

Uma pergunta interessante para fazer às pessoas que nos rodeiam: Quais são os seus princípios? Como agiriam diante da ausência total da lei? São éticas por princípio ou fraudarão logo que conseguirem burlar os controles existentes dentro de uma companhia? Os princípios resistem à "falta da luz do dia"?

Quando falamos em corrupção ou quebra de princípios éticos nos negócios, tendemos a colocar um grande "carimbo" em nosso país e dizer que é um dos mais corruptos do mundo. Hoje, vemos mais de perto a quebra da ética nas transações econômicas, mas isso sempre aconteceu nas mais diversas áreas do comportamento humano, desde os primórdios da história, cada vez que um povo se afasta de princípios que o levam a práticas de respeito ao ser humano em qualquer dimensão (econômica, física, conflitos etc.).

Ética por "compartimentos"?

Passei toda a minha carreira (com exceção do primeiro emprego, em que trabalhei numa empresa alemã) em empresas norte-americanas. Nos dezoito anos em que fui o CEO e responsável pelos negócios no Brasil, sempre tive uma missão dupla: fazer cumprir as leis americanas e as leis brasileiras ao mesmo tempo.

O processo de exame do código de ética das companhias e a assinatura de documentos anuais de que não conhecia nada fora da ética eram uma rotina. Minha facilidade e naturalidade vêm de minha formação, dentro da qual sempre acreditei na ética em todos os campos: no relacionamento familiar e com a esposa (engraçado falar em ética nesse campo, não é mesmo?), no relacionamento fora do trabalho, nas transações comerciais, pessoais, no pagamento de impostos etc.

Porém, para muita gente, o aspecto ético circunscreve-se ao relacionamento profissional, em que as companhias têm esse princípio como uma exigência. Julgar se uma pessoa é ética em todos os campos de sua vida é algo que não está no escopo oficial da seleção de funcionários nas companhias, até porque é muito difícil de medir. No entanto, é isso que se busca de forma implícita. Quando tentamos medir o grau de confiança que podemos depositar em um indivíduo, na realidade, estamos medindo seu grau de ética em todos os campos, não apenas nos negócios. Muitos podem achar uma invasão de privacidade o questionamento de vários desses aspectos, mas ninguém reclama dessa necessidade quando se buscam pessoas de confiança.

Já tive pessoas em minha equipe que cumpriam estritamente o código de ética da companhia. Eu sabia e acreditava nisso. Mas ficava claro que essa ética estava apenas no "compartimento" de sua vida, ao me contarem que, quando trabalhavam para o concorrente, entregavam a certos clientes "maletas repletas de dólares". Nesse caso, eu sabia que se tratava de total obediência às políticas da companhia atual, e não uma questão de princípios. Meu esforço sempre foi o *de identificar colaboradores que tivessem a ética como princípio, e não como obrigação*. Se eu tivesse de entregar uma mala com dólares para conseguir vender, no mesmo dia assinaria minha carta de demissão. Felizmente, nas companhias em que trabalhei nunca tive de entrar em choque com meus princípios.

Outro fato interessante: aqueles que cumprem as políticas de ética "por obrigação" não conseguem entender que, mais cedo ou mais tarde, seu comportamento ético vai falhar em outras áreas e isso se tornará evidente. Se uma pessoa não é totalmente consistente com suas crenças e princípios, algum dia vai "pisar na bola" nos relacionamentos políticos, nos relatórios de resultados, no relacionamento com o chefe, ao ser honesto e claro com um cliente (um cliente pode não saber quando lhe contam mentiras, mas sabe apreciar a sinceridade quando cometemos enganos... e isso conta ponto!). Muitos se iludem achando que conseguem ser éticos apenas no "compartimento" incluído nas políticas de ética, sem perceber que, se não agirem assim por princípio, o restante do iceberg flutuará mais cedo ou mais tarde.

Onde começa a falta de ética?

A área mais visada e pública, na real acepção do termo, é a notória corrupção no governo. Os políticos são o grande alvo quando se quer afirmar que o Brasil é um país no qual não se tem um comportamento ético. Mas será que é isso mesmo? Ou os políticos recebem essa fama porque praticam os hábitos de seu próprio eleitorado?

Nos restaurantes, quando se pede uma nota fiscal, a pergunta mais frequente é: "O senhor quer uma nota do mesmo valor ou mais alta?". Ou os mais diretos já perguntam: "Nota fiscal de que valor?". O mesmo acontecia há muito pouco tempo, quando os postos de gasolina não tinham as notas fiscais automatizadas.

Posso dizer, sem sombra de dúvida, que em todos os setores nos quais trabalhei havia do outro lado da mesa de negociações tentativas de favorecimento nos negócios por meio de pagamentos de propinas ou favores, nas formas mais sutis de insinuações, inúmeras vezes com mensagens claras de que se "não entrássemos no jogo" não haveria negócio.

Além de tudo isso, temos o "lado negro": companhias que operam sem nota, sonegando de forma clara, que não são leais aos clientes, tampouco claras na composição de seus produtos, que não pagam os impostos que devem e por aí afora.

Se nesse contingente somarmos o número de pessoas que pagam para receber favores de instituições públicas, policiais e repartições de um modo geral, teremos um número consideravelmente elevado da população que, de uma forma ou de outra, age de acordo com os políticos que tanto condenam.

Portanto, os políticos e governantes são um reflexo do câncer que está na própria sociedade. É aí que reside uma grande oportunidade de reflexão para todos nós.

Não pensem que, à luz dessas afirmações, eu seja pessimista. Estou convicto de que o número de jogadores que atuam no outro time é bastante elevado. É grande o número de pessoas éticas em todos os campos, que têm práticas comerciais saudáveis e que buscam uma total transformação deste país por meio de um "choque ético". O único ponto que eu quero mostrar é que precisamos olhar para nós mesmos antes de criticar aqueles que publicamente praticam atos não éticos. Ou a ética só é válida para os assuntos de conhecimento público? No momento em que grande parte da população começar a dar um basta a essas práticas, as eleições passarão a refletir o que é de grande importância: a escolha de líderes e legisladores que colocam a honestidade e a ética em primeiro lugar.

A autoridade moral

Deparamo-nos, então, com um paradoxo interessante. Embora certa porcentagem da população pratique atos fora da ética, ninguém admite que seus líderes ajam assim. Porém, dado o universo citado acima, estatisticamente teremos líderes que querem ser – ou aparentar ser – éticos. No entanto, essa superficialidade não dura muito, pois sua natureza, ou "DNA", os trairá mais cedo ou mais tarde. Nesse ponto, a liderança ética consistente com padrões rigorosos e constantes começa a se destacar nos postos de comando. E, quando digo liderança, refiro-me a governo, empresas, fundações, associações, enfim, qualquer organização que necessite de um líder.

Afinal, "talvez eu possa cometer alguns deslizes, mas, para ser meu chefe, ou ser o responsável por meu patrimônio, preciso de alguém de confiança a toda prova, com os mais rigorosos padrões éticos". Embora tenhamos de conviver com esse paradoxo, conquistamos grandes vantagens em nossas carreiras quando nossos princípios éticos são conhecidos e praticados.

Acho que muitos já ouviram a expressão "Seus atos falam tão alto que não consigo ouvir suas palavras". É isso que ocorre quando alguém assume uma posição de chefia: "compromete-se" em obedecer a todas as políticas da companhia, propaga isso aos quatro cantos, porém seu comportamento passado ou presente não condiz com a sua "pregação" e aí perde-se o maior patrimônio de um líder: sua autoridade moral. É possível ter pomposos cartões de visita, títulos dos mais diversos, comendas, ganhar eleições, ou o que quer que seja, mas nada garantirá essa autoridade moral. Ela é conquistada com a observação e a certeza de que o líder é íntegro.

Mais uma vez, entramos na seara não apenas das transações comerciais, mas no convívio com os subordinados, clientes, ao disputar uma posição, lidar com o patrimônio público etc.

O maior prejuízo dessa falta de autoridade moral é que, se você estiver nessa posição, seus subordinados não vão "ouvi-lo". Eles saberão a tradução para o português de suas palavras, porém a tradução em atos não acontecerá. É nesse momento que pessoas assim colocam suas companhias em risco, ao agirem à margem de práticas éticas. Mesmo com uma liderança forte, já é difícil controlar aqueles comportamentos individuais que vêm da má-formação moral. Quando o exemplo do topo é negativo, esse controle se torna quase impossível. Afinal de contas, aqueles garçons e frentistas dos postos de gasolina continuam a perguntar o valor desejado da nota fiscal. Ou algum comprador de um importante cliente seu vai deixar o caminho aberto para a "caixinha" dele, em troca do pedido que dará à sua companhia. Muitos continuarão a agir assim, mesmo com a sua liderança forte. Porém, se no passado você vem desse time, adeus à sua autoridade moral e à tentativa de controlar esse ambiente.

Posso não ter sido o melhor "Sherlock" para pegar os enganadores nas empresas em que trabalhei, porém nunca deixei dúvidas sobre o que penso e nunca tive nenhum embaraço em falar sobre isso em público. O sentimento de não "ter o rabo preso" com algo é simplesmente maravilhoso e permite-nos questionar todo e qualquer comportamento que esteja fora dos padrões exigidos pelas companhias (quando estas REALMENTE exigem um comportamento ético!). Muitas pessoas éticas podem não ser bons líderes em outros aspectos, ou não tomar as decisões mais brilhantes. Poderão ter carreiras que não avançam. Ser correto não significa que a falta de preparação em outras áreas venha automaticamente. Mas, com certeza, sempre terão uma vantagem adicional. Se ela vier acompanhada de todas as outras habilidades, as chances de sucesso serão muito maiores.

Acredito que a maioria das pessoas que estão lendo este livro conhece esse sentimento que descrevi. Mas, se você não faz parte desse universo, convido-o a se juntar a nós. É um sentimento fantástico, principalmente por possibilitar encostar a cabeça no travesseiro à noite e ter um sono tranquilo. Significa poder questionar autoridades corruptas; fazer parte do contingente que acredita que este país pode crescer ainda mais com lideranças éticas; perceber que, ao comprometer os princípios, o emprego é o aspecto de menor valor que estará em jogo.

Um modelo de ensino de Ética

Sempre apreciei gráficos ou figuras que ajudam a estruturar um pensamento. Quero compartilhar aqui um Modelo de Desenvolvimento de Ética (MDE) que é utilizado na Marriott Business School da Universidade de Brigham Young, para o ensino de Ética.

Liderança Ética
Ajudando outros a serem éticos.

Coragem Ética
Disposição de pagar o preço pela ética.

Aplicações da Ética em situações de negócios
Práticas fraudulentas, propaganda enganosa, injustiças.

Entendimento da Ética Pessoal
Certo/errado, justiça, honestidade, integridade pessoal, respeito pelos outros.

O fundamento da ética, o Entendimento da Ética Pessoal, representa os mais básicos princípios éticos e os limites das ações pessoais. Envolve aprender a diferença entre o certo e o errado, desenvolver o sentido de sempre decidir com imparcialidade e justiça, aprender o cuidado e a empatia pelos outros, assim como o respeito e ter as ações compatíveis com aquilo que a pessoa sabe ser correto. Esse entendimento vem geralmente durante a nossa infância, quando esses princípios são alicerçados.

O nível 2 é a aplicação da ética nos conceitos de negócios, no qual os aspectos do alicerce são aplicados às mais diferentes situações de negócios, ambiente de trabalho, transações etc. Às vezes pode ser uma transição difícil, pois um indivíduo que trata sua família e amigos com ética pode não entender a gravidade de deixar de submeter o recolhimento de impostos corretamente ou de fechar uma fábrica sem maiores considerações. Esse segundo estágio é geralmente aprendido mais tarde, por meio dos educadores, gestores, treinamentos de novos funcionários e constante aprendizado das funções e comportamentos esperados. Isso se aplica a qualquer profissão ou nível hierárquico de uma organização.

O terceiro nível é a Coragem Ética, que representa a força e convicção de agir corretamente em situações questionáveis. Uma pessoa pode ter os entendimentos do nível 1 e nível 2, mas talvez não tenha a coragem de tomar uma posição quando necessário. Esse nível leva anos de aprendizado, começando com coisas pequenas, e muitas vezes representa "custos" (e até mesmo solidão) ao se firmar uma posição de ética.

O nível 4, ou Liderança Ética é aquela que encoraja e inspira outros a desenvolverem um conhecimento ético. Trata-se da liderança que vem pelo exemplo, com os outros três estágios devidamente cumpridos e testados. Se há uma "rachadura" em qualquer um deles (dificilmente o empregador tomará conhecimento disso), a medida de prevenção é um intenso treinamento de ética e a respeito de toda e qualquer prática irregular, com exemplos do cotidiano, junto com uma política rígida que penalize aqueles que não se enquadrarem.

Ao observar e estudar esse modelo, pude classificar melhor muitas pessoas que conheci em minha carreira, as quais testemunhei exercendo práticas irregulares, e confirmar a necessidade de constantes esclarecimentos e treinamento por parte dos empregadores.

Estamos em um Brasil diferente...

No encerramento desta edição, ainda havia muita controvérsia a respeito das decisões jurídicas da Operação Lava Jato. Independentemente das decisões do STF (Supremo Tribunal Federal) ou da lenha que seja jogada na fogueira política sobre o assunto, seus resultados são inegáveis.

O balanço do dia 27 de janeiro de 2021 fornecido pelo Ministério Público Federal,[4] nos fornece os seguintes números: 163 prisões temporárias, 132 prisões preventivas, 1.450 mandatos de busca e apreensão, 211 conduções coercitivas, 35 ações de improbidade administrativa, 2 acordos de colaboração homologados no TRF-4, 138 acordos de colaboração homologados no STF em atuação conjunta com a PGR (Procuradoria-Geral da República), 553 denunciados, 723 pedidos de colaboração internacional, R$ 4,3 bilhões devolvidos aos cofres públicos (Petrobras, União etc.), R$ 2,1 bilhões previstos em multas compensatórias decorrentes de acordos de leniências, R$ 12,7 bilhões de valores previstos de recuperação, R$ 111,5 milhões de valores de renúncias voluntárias de réus, 219 condenações em primeira e segunda instâncias.

O site da Polícia Federal[5] contém uma lista sem fim de dados estatísticos das apreensões, veículos utilizados, perícias, laudos etc., em uma operação que marcou para sempre a história dos políticos e empresários do Brasil.

Estamos em um Brasil diferente... pela primeira vez grandes grupos brasileiros se curvaram diante da força implacável da lei, além de verem suas ações despencarem pela falta de confiança de seus clientes. A corrupção, da qual tanto se ouvia falar há muitas décadas, foi numa pequena escala quantificada aos olhos pasmos da população, e os responsáveis (dos dois lados) foram punidos. As práticas de *compliance* foram reforçadas na maioria das companhias operando no Brasil e uma nova era de maior consciência da necessidade de práticas sadias de negócios começou a surgir.

Apesar do progresso, ainda temos um longo caminho pela frente. O Índice de Percepção de Corrupção é medido anualmente pela organização Transparência Internacional, com avaliação de treze fontes distintas e de renome internacional tais como o Banco Mundial e o Fórum Econômico Mundial. Um total de 180 países foram avaliados em 2020 e o Brasil está na posição de número 94 de 180, ainda melhor do que o México (124) e Rússia (129), porém em uma posição muito pior do que três países da América do Sul: Uruguai (21), Chile (25) e Argentina (78). O ranking mundial é liderado por 10 países com menor percepção de corrupção:

---

4 Disponível em: http://www.mpf.mp.br. Acesso em: 21 maio 2021.

5 Disponível em: http://www.pf.gov.br/home. Acesso em: 21 maio 2021.

Dinamarca, Nova Zelândia, Finlândia, Cingapura, Suécia, Suíça, Noruega, Holanda, Alemanha e Luxemburgo.[6]

Interessante notar que temos um mix de culturas nas dez primeiras posições, assim como temos o Uruguai e o Chile muito perto dessas classificações (aliás, os Estados Unidos estão empatados com o Chile). Isso mostra que é falsa a crença de que vivemos em um ambiente sul-americano tomado por uma corrupção endêmica, histórica e cultural. Tudo depende mesmo das lideranças políticas e empresariais de cada país.

A Operação Lava Jato ampliou os caminhos para que as novas gerações de líderes de todos os setores continuem a combater a corrupção em todos os níveis e coloquem o nosso país gradualmente em uma posição mais favorável. Um grande momento de introspecção para definirmos o nosso papel nesse cenário, no qual a menor célula influenciadora é o indivíduo, mas a soma de todos os indivíduos se tornará o comportamento coletivo.

A ética tem retorno?

Um grande tabu que hoje se enfrenta é que, se "não entrarmos no jogo", não sobreviveremos em diversas áreas de negócios. No longo prazo, a verdade é o oposto disso.

Lembro-me de que, quando trabalhava na área de saúde, buscava aproximar-me de autoridades desse setor nos diversos níveis de governo (prefeituras, estados e União). Conheci vários ministros da Saúde, assim como secretários de prefeituras e estados. Certa vez, visitei o secretário de Saúde de uma das maiores cidades do país, logo que esse indivíduo tomou posse. Nessa primeira visita, entrei com o código de ética da companhia "a tiracolo". Ao iniciarmos a conversa, falei sobre os padrões de nossa companhia e disse: "Sr. Secretário, gostaria de afirmar que qualquer vantagem nas negociações serão dadas diretamente para a sua prefeitura. Em nossa companhia, seguimos os mais estritos padrões de ética. Oferecemos produtos e serviços da mais alta qualidade e este é nosso maior compromisso com o seu governo."

Ele, então, me olhou surpreso, agradeceu a atenção e nossa reunião terminou logo. O tempo passou e o secretário voltou à atividade médica. Encontramo-nos algumas vezes depois de sua saída do governo e acabamos

[6] Disponível em: https://transparenciainternacional.org.br/ipc. Acesso em: 21 maio 2021.

nos tornando bons amigos. Quando nos encontramos em um coquetel, ele me disse: "Fiquei muito impressionado com o que você me disse naquele dia. Só quero que você saiba que seus concorrentes fizeram um discurso oposto ao seu. Parabéns pela coragem de colocar os seus padrões logo no início e não deixar dúvidas."

Não vendemos para aquela prefeitura, mas, tempos depois, o ex-secretário se tornou presidente de um proeminente hospital particular do país. Há mais de quarenta anos, esse hospital comprava apenas de um de meus concorrentes. Finalmente, conseguimos quebrar essa hegemonia e conquistamos a preferência para o fornecimento de um grande pacote de equipamentos. Eles reconheceram a seriedade e o comprometimento de nossa companhia.

Assim como na sessão anterior descrevi que há um grande contingente de brasileiros agindo fora da ética em seus negócios, felizmente é maior o universo de gente que busca fornecedores sérios, éticos e que coloca a qualidade dos produtos e serviços em primeiro lugar. Mesmo aqueles que fogem da ética gostam de ter fornecedores e parceiros que não os enganam como eles fazem com seus clientes. O fato é que aqueles que conseguem passar uma imagem sólida de confiança acabam tendo a preferência como fornecedores. Todos gostam de sentir que são tratados com honestidade.

Se pudermos somar o custo de todos os atos praticados e descritos alguns parágrafos acima, veremos que o prejuízo da nação e de todas as áreas é simplesmente gigantesco. O mesmo ocorre dentro de uma empresa. Individualmente, se você for um empregado como eu, e pautar sua carreira pelas práticas éticas, além dos custos que você reduzirá para a sua companhia, ainda poderá crescer na carreira, uma vez que será uma pessoa reconhecida como depositária de grande confiança. Em meu caso, perdi muitos negócios por não entrar nos esquemas propostos. Mas posso garantir que ganhei muitos outros, advindos da clara percepção, por parte de clientes em potencial, de que minha companhia iria respeitá-los e tratá-los com ética.

Em fases em que escândalos públicos se avolumam nos jornais, televisão, revistas, um elevado número de políticos é exposto ao público, assim também como suas vidas são totalmente "escancaradas". Ao tomarem a decisão de agir dessa forma, talvez nunca tenham medido as consequências desses atos nem a maneira pela qual atingiriam suas famílias, que são igualmente expostas à vergonha pública. Pergunto-me qual a avaliação de cada um em relação a esse preço final. Vale o fato de filhos serem discriminados nas escolas, de cônjuges e familiares terem de se esconder de seus relacionamentos normais? Não raro, muitos têm até mesmo de abandonar o país.

Este é um dos grandes retornos que temos para a nossa própria vida. Proteger nossa imagem, nossa própria vida, nossa integridade. Muitos poderão dizer que os corruptos estão sem a sua paz, mas que estão ricos. Nem sempre é verdade. Lembrem-se de que não acredito na história dos compartimentos. Alguém pode iludir-se com a crença de que não será ético apenas no ambiente profissional. Esses ambientes, porém, são "vasos comunicantes" e o "veneno" vai atingir outras áreas; geralmente, as pessoas não serão felizes por terem comprometido seus valores.

Tive anos suficientes de experiência para afirmar essas coisas não como um teórico, mas como um observador, tendo assistido a inúmeros episódios de funcionários que comprometem seus valores em troca de recompensas momentâneas (seja dinheiro, prestígio, posição etc.). Nenhuma das histórias que conheço acabou bem. Muitos de nós podemos ter carreiras muito acidentadas, mas as razões podem vir de más decisões ou de aspectos fora de controle. Porém, quando já atiramos na fogueira a lenha proveniente de uma ação sabidamente errônea, isso se torna um complicador muito grave em toda essa equação, além de tirar a tranquilidade de nosso sono.

Reafirmo a confiança em meu país. Conheço milhares de pessoas brilhantes, com bons princípios, patriotas e prontos a contribuir para este grande Brasil. Sei também que meu nome é o maior legado que posso passar a meus filhos, netos e gerações seguintes. É incrível, mas o esforço para se manter um bom nome é muito superior a todo ato em que a consequência representaria jogá-lo fora. Enfim, a constante utilização de princípios éticos compensa! Em todas as áreas de nossa vida.

Conclusão

Uma ponderação sobre o nosso desenvolvimento...

O Arquipélago de Pingelap está localizado no Pacífico, ao norte das Ilhas Carolinas e a sudoeste das Ilhas Marshall. Todo esse complexo localiza-se a nordeste da Nova Guiné, em meio a milhares de ilhas que ficam ao norte da Nova Zelândia e da Austrália.

Pingelap é um dos oito atóis que ficam a 288 quilômetros de Pohnpei, a principal ilha das Ilhas Marshall, distância preenchida por um mar revolto. Seu tamanho não ultrapassa oito quilômetros quadrados e sua população não chega a setecentos habitantes. As pessoas não possuem nenhum tipo de emprego (a não ser duas professoras do ensino fundamental e um agente do correio) e sua economia é a de subsistência, de trocas, quando muito formada por pequenos comércios. Mesmo entre os oito atóis das redondezas, o comércio é muito pequeno, pois se limita a um barco que transporta carga e passageiros ocasionais, fazendo seu circuito (quando o vento e o mar assim permitem) cinco ou seis vezes por ano.

Nem mesmo para o turismo a ilha serve, pois não há local para hospedagem. Aqueles que viajam para a ilha o fazem para visitar seus familiares e ficam na casa deles. Nunca um hotel ou estalagem foram necessários.

Pingelap teria tudo para ser uma ilha esquecida do mundo, sem nunca ter sido citada em nenhum livro, a não ser nos atlas geográficos e, assim mesmo, em tamanho ilegível. Ela foi literalmente "colocada no mapa" por Oliver Sachs em 1993, por meio de seu livro *A ilha dos daltônicos*. Sachs é professor de neurologia clínica no Albert Einstein College of Medicine e fez uma viagem científica a Pingelap para conhecer de perto este fenômeno.[1]

A ilha possui a maior porcentagem do mundo de habitantes com daltonismo total e congênito, ou acromatopsia. O daltonismo mais comum, provocado por um defeito nas células da retina, é quase sempre parcial e possui formas muito frequentes: a cegueira para o vermelho ou verde ocorre em certo grau em cada vinte homens (é muito mais rara nas mulheres). A acromatopsia atinge uma entre 30 a 40 mil pessoas no mundo. Em Pingelap, onde as primeiras crianças com essa doença nasceram na década de 1820, esse número é de 1 para cada 12 habitantes.

Aparentemente, a doença espalhou-se muito rapidamente em razão da falta de conhecimento e até mesmo de recursos para tratá-la. O tufão Lengkieki assolou Pingelap em 1775, matando imediatamente 90% da população, enquanto outros pereceram logo em seguida por causa da falta de alimentos. Nessa ocasião, de mil habitantes, sobraram apenas vinte e poucos. Com a rápida reprodução nos anos seguintes, algumas características genéticas raras começaram a se multiplicar rapidamente, atingindo uma alta porcentagem nos dias de hoje.[2]

O fato que mais chamou a atenção de Sachs em sua viagem exploratória foi a convivência da visão com outros parâmetros totalmente diferentes que não sejam as cores. As cores nem mesmo fazem parte do vocabulário, pois, no meio das famílias ou pequenas comunidades, as pessoas de fora desse universo que poderiam dar outras referências ou comparações não estão por perto. Os habitantes conseguem discernir os tons mais claros dos mais escuros, mas cores com tonalidades médias não oferecem diferenciação alguma.

Sachs perguntou a um dos ilhéus como podia diferenciar uma banana ainda ligeiramente verde das maduras. Sua resposta foi andar até uma bananeira e voltar de lá com uma banana cuidadosamente escolhida. Sachs,

---

1 SACKS, Oliver. A *ilha dos daltônicos*. São Paulo: Companhia das Letras, 1997.

2 Idem, *op. cit.*, pp. 48-49.

então, descascou-a com facilidade. Deu uma mordidinha cautelosa e depois devorou o resto.

O ilhéu chamava-se James e disse: "Como você vê, não nos baseamos apenas na cor", explicou. "Olhamos, sentimos, cheiramos, *sabemos* – levamos tudo em consideração, e vocês só usam a cor!".[3]

Com uma visão normal, não podemos imaginar uma vida de alguém com daltonismo total. É como viver sempre assistindo a um filme preto e branco, embora essa falta seja compensada por outros sentidos mais aguçados. A comunidade que vive dessa forma é feliz à sua maneira, pois nunca experimentou a sensação de cor e, o mais importante, o número de pessoas à sua volta com o mesmo problema é bastante considerável.

Existem várias áreas de nossa vida em que podemos ser "daltônicos". Para me manter dentro do foco deste livro, gostaria de fazer algumas considerações finais sobre o "daltonismo gerencial". Todos tendemos a olhar o mundo segundo nossas próprias experiências. Formamos nosso universo de conhecimento e vivências e não demora muito para "gravarmos em pedra" essa visão como a única verdadeira. Nós mesmos perdemos o senso crítico de realmente sabermos o quanto essa visão coincide com as "cores da realidade" que nos cercam, ou se, aos poucos, vamos nos tornando "daltônicos". Inicialmente, esse daltonismo é apenas parcial, mas pode se tornar total.

Neste livro, falei acerca de atualizações ou até mesmo de contínuo desenvolvimento formal por meio de mestrados ou doutorados. Aqui, o conceito vai além disso. Podemos descobrir "cores" nos locais em que menos esperamos. Por exemplo, encontrei algumas delas nas experiências de guerra. Causa surpresa pensar que alguns desses conceitos são apresentados hoje como parte da "moderna administração", mas eram usados há duas ou três gerações num meio completamente diferente. Por muito tempo, não prestei muita atenção a essa relação e as novas "cores" não saltavam tão fortemente como agora.

O daltonismo encontrado na ilha dos daltônicos não tem reversão nem cura. A boa-nova é que o "daltonismo gerencial" pode ser revertido, mas, para isso, não há uma fórmula mágica que sirva a todos. Cada um deve buscar a sua própria "cura", dependendo das "cores" perdidas no decorrer de sua experiência profissional.

---

[3] Idem, *op. cit.*, p. 45.

Um ponto importante do qual precisamos tomar consciência é que o processo de aprendizado vem das mais diversas formas, mas, antes de tudo, é necessário termos a segurança de que nossas "cores" nunca estão completas. Essa busca do "universo colorido" chega por meio de uma mente muito aberta, na busca de cada indício de mudança que pudermos encontrar. Vem da sensibilidade, por meio de conversas informais, opiniões de nossos chefes e subordinados, novas literaturas, novos cursos e todos os sentidos abertos para novos "insights" que nos trarão novas "cores".

Já mencionei antes que a natureza do ser humano não tem mudado. O processamento do conhecimento ao longo dos séculos tem progredido à velocidade da luz, mas os mesmos dilemas do relacionamento entre pessoas têm estado presentes em todos os relatos desde os tempos mais remotos. Infelizmente, tudo o que vem antes de nosso próprio nascimento chega à nossa mente rotulada como "antigo". Se falarmos sobre tecnologia, tudo bem. Mas, quando se trata de pessoas, liderança, emoções, as mudanças ao longo dos séculos são quase imperceptíveis. Esta é a razão pela qual novas "cores" ou "insights", quando falamos sobre a sua carreira, podem vir de fontes totalmente inesperadas.

Numa leitura mais minuciosa e com as devidas traduções e adaptações da língua a cada época, novas "cores" podem vir nas palavras de Platão, de Shakespeare, da Bíblia, de Maquiavel, assim como de grandes autores modernos de negócios. Não importa a época, mas a forma como procuramos conhecimento e os aplicamos à nossa volta. E, assim como as combinações de cores são infinitas em todos os seus matizes, nosso uso das teorias e da experiência em negócios e gerenciamento terá um efeito completamente diferente. Esta é a beleza da individualidade. Podemos colocar em prática as mais conhecidas teorias de gerenciamento de pessoas e de carreira, mas o efeito em VOCÊ será de uma forma única, seja para melhores resultados ou ao contrário.

Terei atingido meu objetivo se as habilidades ou "armas" apresentadas neste livro tiverem levado sua mente a uma ponderação e até mesmo ao questionamento de como as utiliza hoje. Só o fato de você ter adquirido este livro já mostra que está fugindo do "daltonismo gerencial", em busca de novas "cores" que permitam a você enxergar as mesmas figuras e objetos.

O lembrete final é que você faça um esforço adicional a fim de mudar alguns aspectos relevantes ao seu desenvolvimento e ao de sua carreira, sobre os quais este livro tenha feito você pensar. Se não fizer isso, será o mesmo que viver em um mundo no qual várias cores estão faltando; você as vê agora claramente impressas em uma fotografia, percebe a mudança que poderiam fazer a seu redor, mas as deixa apenas na fotografia, não as passando para a realidade do mundo que o rodeia.

Um dos grandes desafios que temos é buscar as cores que nos faltam ou mesmo aquelas que outros percebem que estão "um pouco desbotadas". O segundo é "pintar seu mundo com essas cores".

Que você tenha sucesso em ambos os desafios, ao encerrar a última página deste livro!